حقوق الطبع والنشر ©
2022 جون لو جميع
الحقوق محفوظة.

قد لا تكون النصائح والاستراتيجيات الموجودة في الداخل مناسبة لكل موقف. يباع هذا العمل على أساس أنه لا المؤلف ولا الناشرون مسؤولون عن النتائج المتراكمة من المشورة الواردة في هذا الكتاب. يهدف هذا العمل إلى تثقيف القراء حول العملات المشفرة والموضوعات ذات الصلة وليس المقصود منه تقديم المشورة الاستثمارية. جميع الصور هي الملكية الأصلية للمؤلف ، أو المجال العام كما هو مذكور في مصادر الصور ، أو تستخدم بموافقة أصحاب الممتلكات.

منشور أوديTM

لا يجوز إعادة إنتاج أي جزء من هذا المنشور أو توزيعه أو نقله بأي شكل أو بأي وسيلة ، بما في ذلك النسخ أو التسجيل أو الطرق الإلكترونية أو الميكانيكية الأخرى ، دون إذن كتابي مسبق من الناشرين ، إلا في حالة الاقتباسات الموجزة المضمنة في المراجعات وبعض الاستخدامات غير التجارية الأخرى التي يسمح بها قانون حقوق النشر. للحصول على معلومات حول حقوق إخلاء المسؤولية أو إعادة البيع أو التوزيع هذه ، اتصل jon@audepublishing.com

الطبعة الثانية 2024.
طباعة رقم ISBN
9798527837070

كيفية استخدام هذا الكتاب

بينما أكتب هذا ، أفترض عدة أشياء عنك:

أ. لديك درجة معينة من المعرفة الأساسية حول موضوع العملة المشفرة.
ب. أنت متحمس جدا جدا للبدء - مطلوب 100٪!

في انتظار هذه الالتزامات ، أنت حر في المتابعة. كل شيء آخر ، فيما يتعلق بالتحليل والاستثمار في العملات المشفرة ، يتم تغطيته في بقية هذا الكتاب. إذا لم تكن على دراية بالعملة المشفرة على الإطلاق ، أقترح عليك أن تأخذ لحظة للتعلم ، وإذا كنت ترغب في ذلك ، فاستشر قاموس المصطلحات الأساسية في قسم الموارد في الجزء الخلفي من هذا الكتاب ، أو ربما قسم المكافآت (في المادة الخلفية) ، الذي يقدم blockchain.

ينقسم الكتاب إلى أقسام "الماكرو" التالية:

الجزء 1: تحليل العملات المشفرة
الجزء 2: التحليل الفني

يقدم الجزء 1 مقدمة موجزة ولكنها كاملة لتداول وتحليل العملات المشفرة ، بالإضافة إلى مقدمة للتحليل الفني والتحليل الأساسي وتحليل الضجيج وأنواع المؤشرات وآليات التوريد والمزيد.

يقدم الجزء 2 الجزء المرجعي من هذا الكتاب ، أي أنه يغطي جميع أسس التحليل الفني. سنغوص في الرسوم البيانية والأنماط ومؤشرات التذبذب والمؤشرات

الأخرى ، ونربطها جميعا بقواعد تداول العملات المشفرة والتداول الخوارزمي وتحيزات التداول والمزيد.

بعد الجزء 2 ، يوفر قسم الموارد نقطة انطلاق لمزيد من التعلم المستقل. تتضمن هذه الموارد المسارد وقنوات YouTube والبودكاست والكتب. أقترح عليك الاستفادة الكاملة من قسم الموارد وقراءة كلا القسمين (خاصة الجزء 1) بترتيب تسلسلي. ومع ذلك ، يمكن ، ويجب ، الإشارة إلى الكثير من المحتوى في الجزء 2 والبحث عنه مرة أخرى حسب الحاجة وقراءته من الأمام إلى الخلف فقط حسب مستوى الاهتمام.

هذا كل شيء من حيث كيفية استخدام هذا الكتاب. آمل أن تجدها واضحة إلى حد ما. ومع ذلك ، على الرغم من أنك قد تعرف كيفية استخدام هذا الكتاب ، إلا أنني لم أغطي بعد كيفية عدم استخدام هذا الكتاب.

كيف لا تستخدم هذا الكتاب

بعد قراءة هذا الكتاب ، لا تقم بما يلي على الفور:

أ. استثمر كل أموالك.
ب. استقال من وظيفتك.
ت. ضع كل أموالك في عملة ميمي.

لكي نكون واضحين ، يهدف هذا الكتاب إلى أن يكون بمثابة دليل تمهيدي وأداة مرجعية. الغرض منه هو إعدادك بالكامل لدخول عالم التداول. لإتقان هذا العالم ، يجب أن تكون على استعداد للتعلم والتمسك به ، سواء كهاوي في عطلة نهاية الأسبوع أو تاجر بدوام كامل. لذا ، خذ وقتك ، واستمتع بالعملية ، ويرجى عدم رمي مدخراتك في عملة ميمي ، بغض النظر عن مدى جاذبية هذه العملة.

الجزء 1: تحليل التشفير

كما ذكرنا ، يحتوي هذا الجزء على مقدمة كاملة للتحليل. بعد الانتهاء ، ستتمكن من البحث بثقة عن العملات المعدنية والرموز المميزة من أجل الوصول إلى قرارات تداول مدروسة ومربحة. بعد ذلك ، يغوص الجزء 2 في التحليل الفني. يتم تنظيم الأجزاء على هذا النحو لأن التحليل بأكمله هو مطلب ضروري للتقدم في التحليل الفني. نبدأ في موضوع الأسطورة.

في هذه الملاحظة ، يجب أن أقول إن العملات المشفرة قد تم تفجيرها بشكل يتجاوز النسبة من حيث المخاطرة مقابل ديناميكية المكافأة. نعم ، المكافآت هائلة ، لكن السوق لا يمكنه الحفاظ على مكاسب ملفتة للنظر ، والمخاطر تتطابق مع المكافأة. أريد أن أبدأ الكتاب بجرعة من الواقع ، ليس للإشارة إلى أن حلم التشفير ليس حقيقيا ، ولكن للإشارة إلى أن الحلم يتطلب جهدا. إذا تم بذل هذا الجهد ، يمكن للمكافآت أن تغير حياتك. إذا لم يتم بذل الجهد ، فإن الخطر سيجعل نفسه معروفا بشكل صارخ.

المال السهل

على مدار نصف العقد الماضي ، شهد سوق التشفير ارتفاعا هائلا. على مدى الأشهر الستة الماضية ، يمكن لأي مستثمر وضع المال في أي عملة معروفة وتحقيق ربح. هذه الحالة لا يمكن أن تدوم. قد يستغرق الأمر بضعة أشهر أو بضع سنوات أو أكثر. مهما كان الأمر ، فإن كسب المال في سوق العملات المشفرة لن يكون سهلا دائما ، تماما كما أنه ليس من السهل كسب المال في الأسهم أو العقارات أو الخيارات أو المشتقات. حتى لو كان من السهل كسب المال في السوق في الوقت الحالي ، فإن العمل من هذه العقلية لا يمكن إلا أن يؤدي إلى الفشل.

يمكنك أن تنقذ نفسك من منحنى التعلم هذا من خلال الحفاظ على مبادئ تداول قوية ، والامتثال للقواعد الموضحة لاحقا في هذا القسم ، وإجراء البحوث الخاصة بك ، والتفكير بعقلانية وغير عاطفية قدر الإمكان ، واستخدام البيانات التاريخية لدعم قراراتك.

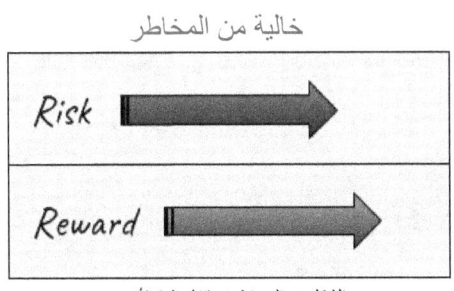

خالية من المخاطر

الشكل 1: المخاطرة مقابل المكافأة 1

النظر في هذه الصورة. يعتمد على مبدأ يسمى مقايضة المخاطرة والعائد (سيتم فحصها لاحقا في قسم المخاطر مقابل المكافأة). عندما يرى المرء أي شخص آخر يكسب المال ، أو على الأقل ، ستقودنا وسائل التواصل الاجتماعي إلى الاعتقاد بأن الجميع يكسبون المال ، فإننا نميل إلى الاعتقاد بأن طريقة كسب المال ليست محفوفة بالمخاطر. إذا كان الجميع يكسبون المال ، فكيف يمكن أن يكون ذلك محفوفا بالمخاطر؟ يجيب مبدأ المفاضلة بين المخاطرة والعائد على هذا. بشكل عام ، كلما زادت المكافأة ، زادت المخاطر. لذا ، فإن الاستثمار في العملات المشفرة ليس خاليا من المخاطر. انها ليست منخفضة المخاطر. إنه أمر محفوف بالمخاطر للغاية ويقدم مكافأة قصوى ويجب معاملته على هذا النحو.

100٪ دقيق

تنطبق هذه الأسطورة على وجه التحديد على التحليل الفني. التحليل الفني هو رهان على الاحتمال. إذا حدث شيء ما أكثر من 50٪ من الوقت في الماضي ، نظرا لظروف مماثلة لحدث حالي ، فمن المحتمل أن يحدث مرة أخرى. ربما يكون هذا

الاحتمال 51٪ ، 60٪ ، 80٪. على أي حال ، يراهن المحللون الفنيون على حدوث الأنماط التاريخية. لسوء الحظ ، نظرا للطبيعة الأساسية للاحتمالات والتداول ، لا يوجد شيء مؤكد على الإطلاق. حتى لو اصطفت جميع إشاراتك ، فقد لا تحدث الحركة التي تعتقد أنها ستحدث. على الرغم من ذلك ، يمكن أن يكون هذا محررا - من الجيد تماما أن تكون مخطئا ، وفقط لأن استراتيجيتك لم تنجح عدة مرات لا يعني أنها لن تنجح بمرور الوقت. إذا كانت استراتيجية أثبتت تاريخيا أنها مربحة ، فمن المحتمل أن تكون كذلك. بهذه الطريقة ، يعمل لصالحك وضدك: لن ينجح شيء طوال الوقت ، ولكن يجب أن تعمل أشياء كثيرة معظم الوقت. لذا ، اعتمد على البيانات ، وقم دائما بالتعديل والتحسين ، وتعلم أن تكون مرتاحا للأشياء التي لا تعمل ، بغض النظر عن مدى اعتقادك أنها يجب أن تسير بشكل صحيح.

نوعان من تحليل العملات المشفرة

توجد منهجيتان شاملتان للتحليل: التحليل الفني والتحليل الأساسي.[1] لقد اشتريت هذا الكتاب للتعرف على التحليل الفني ، لذلك للوصول إلى فهم كامل للتحليل الفني ، يجب أن نبدأ بملء الثقوب المتسربة. يتبع مقدمة كاملة للتحليل الفني التحليل الأساسي وأخيرا نوع ثالث من التحليل. سنغطي بعد ذلك بعض مقاييس التحليل الأساسية التي يمكن استخدامها جنبا إلى جنب مع جميع أنواع التحليل. إذا كنت في الفضاء لفترة قصيرة ، فمن المحتمل أنك ستتعرف بالفعل بعضا من هذا ، لكنني أراهن أيضا أن هناك الكثير الذي يمكنك تعلمه ، ولهذا السبب ، أقترح عليك القراءة. وإذا لم تكن بعد متداولا متوسطا إلى متقدما ، فسيؤدي ذلك إلى حصولك على ما يرام في طريقك.

[1] سنلتزم بهذا من أجل البساطة. هناك أكثر من مجرد هذين ، اعتمادا على وجهة نظرك.

التحليل الفني

التحليل الفني هو الانضباط الذي يتم من خلاله تمييز الحركات المستقبلية للأوراق المالية وأزواج العملات والعملات المشفرة من الأنماط التاريخية. باختصار ، التحليل الفني هو عملية الاستثمار لاستخدام التاريخ للتنبؤ بالمستقبل. التاريخ ، بدوره ، يتم تحليله من خلال مجموعة من الأنماط والمؤشرات داخل الرسوم البيانية. يتم دعم التحليل الفني من خلال عدد قليل من المقدمات المختارة ، تسمى الثلاثة الرئيسية ، والتي تملي بشكل جماعي الافتراضات الكامنة وراء التحليل الفني. كل ما يتعلق بالتحليل الفني ، مثل المؤشرات وتحليل الرسوم البيانية وحتى الأساس الكامل لشراء وبيع الأصول بناء على الأحداث التاريخية ، يعتمد على هذه البيانات.

التاريخ يميل إلى تكرار نفسه

في حين أن فكرة أن التاريخ يميل إلى تكرار نفسه قد تبدو واضحة بذاتها ، إلا أنها في الواقع مفهوم جديد تماما. لا توجد قواعد تتطلب من أسعار الاستثمارات أن تتصرف بطريقة معينة ، ولا يوجد ذكاء متأصل يربط الحركة التاريخية بالحركة الحالية والمستقبلية. ومع ذلك ، فإن الأساس الكامل للتحليل الفني يتطلب أن يعيد التاريخ نفسه ، لأنه إذا أعاد التاريخ نفسه ، فيمكن التنبؤ بالتاريخ ، وإذا كان من الممكن التنبؤ بالتاريخ ، فيمكن جني الأموال. بافتراض ما سبق ، يجب أن تكون الاتجاهات لتكرار حركة السعر التاريخية بسبب التأثيرات الخارجية ، أي المستثمرين أنفسهم. يمكن إرجاع الكثير من هذا إلى سيكولوجية المستثمر وأنماط التنبؤ الذاتي ، في حين أن الكثير من الباقي يرجع إلى أنماط الاستثمار المؤسسي.

السوق يخصم كل شيء

فكرة أن السوق يخصم كل شيء ، بدلا من ذلك يصاغ على أنه "حركة السوق تخصم كل شيء" ، هي جزء من فرضية كفاءة السوق (EMH). تنص EMH على أن الأسعار (في سياقنا ، أسعار العملات المشفرة) تعكس جميع المعلومات المتاحة. توجد إصدارات مختلفة من هذه النظرية ، والتي يعتقد أنها ضعيفة وقوية وكل شيء بينهما. نظرا لأن سوق العملات المشفرة شديد التقلب ويعتمد إلى حد ما على الاتجاه أكثر من أسواق الأوراق المالية الأخرى ، فقد يكون سوقا أقل كفاءة لأن الأسعار وتقلب الأسعار قد لا تعكس بدقة القيمة الحقيقية. على سبيل المثال ، عندما قام Elon Musk بالتغريد حول عملة مشفرة صغيرة الحجم وارتفع السعر خمسة أضعاف ، فإن زيادة الأسعار لم تمثل سوقا فعالا لأن القيمة الحقيقية للعملات المشفرة لم تتغير ولكن السعر تغير.

فكرة أن السوق ليس فعالا تماما يفتح إمكانية الأسعار المقومة بأقل من قيمتها. يهدف التحليل الفني ، جزئيا ، إلى تحديد السعر المخفض (بالنسبة إلى القيمة الحقيقية) من خلال الوسائل الفنية. يهتم المحللون الفنيون بما هو أكثر احتمالا أن يحدث بالنظر إلى الحركات التاريخية أكثر مما قد يحدث بناء على المعلومات المسعرة بالفعل في الورقة المالية ، بما في ذلك التداول بناء على الأرباح والاتجاهات والضجيج وما إلى ذلك.

الأسعار تتحرك في الاتجاهات

الاتجاهات هي مفهوم مهم للغاية للمحللين الفنيين. يصبح الهدف الكامل من رسم تحركات الأسعار غير شرعي ما لم يفترض المرء أن الأسعار تتحرك في الاتجاهات وأن الاتجاهات من المرجح أن تستمر أكثر من أن تنعكس.

ملخص

كمتداول تقني ، يجب على المرء أن يعتقد أن التاريخ يعيد نفسه ، والسوق يخصم كل شيء ، والأسعار تتحرك في الاتجاهات. تشكل هذه البيانات الثلاثة الأساس الأيديولوجي الذي تستند إليه جميع التحليلات الفنية.

أنواع المؤشرات

لإنهاء مقدمتنا للتحليل الفني ، سنلقي نظرة على أنواع مختلفة من المؤشرات المستخدمة في هذا المجال. سيتم التوسع في كل منها بتفصيل كبير لاحقا في الكتاب. هذا القسم هو مجرد مقدمة ، وإن كانت مهمة.

أنماط الرسم البياني

العديد من المؤشرات هي أنماط على الرسوم البيانية. الرسوم البيانية ، بدورها ، هي مجرد أسعار تتحرك صعودا وهبوطا ، وهي حركة السعر. حركة السعر التي تتصرف بطريقة يمكن التنبؤ بها هي نمط، ويمكن تداول الأنماط كمؤشر موثوق.

الرائدة مقابل متخلفه

المؤشرات إما "رائدة" أو "متأخرة". تتنبأ المؤشرات الرائدة بحركة السعر المستقبلية ، بينما توفر المؤشرات المتأخرة إشارات بمجرد أن تبدأ حركة السعر بالفعل أو تحدث. عادة ما تتفاعل المؤشرات الرائدة بسرعة ولكنها أقل دقة من البديل ، في حين أن المؤشرات المتأخرة أكثر دقة ولكنها قد تتأخر عن الحفلة. عادة ، يتم الجمع بين كلا النوعين من المؤشرات ، أحدهما (رائد) للدخول في مركز والثاني (متأخر) لتأكيد الدخول.

مستويات الدعم والمقاومة

ربما تكون مستويات الدعم والمقاومة هي أداة قراءة الرسم البياني الأكثر شيوعا. من المحتمل أنك سمعت عنها ، إن لم تكن تستخدمها. تشير مستويات الدعم والمقاومة إلى مناطق مركزة للشراء أو البيع. عند مستويات الدعم ، غالبا ما تتوقف الاتجاهات الهبوطية مؤقتا بسبب تركيز المشترين ، بينما غالبا ما توقف مستويات المقاومة الاتجاهات الصعودية بسبب التركيز الكبير للبائعين. عادة ما ترتد الأسعار بين مستويات الدعم والمقاومة قبل الاختراق ، إما فوق مستويات المقاومة أو تحت مستويات الدعم. بعد ذلك ، غالبا ما يصبح مستوى المقاومة هو مستوى الدعم الجديد (على سبيل المثال ، إذا كسرت Bitcoin المقاومة عند 50 ألفا وارتفعت إلى 53 ألفا ، فقد يصبح 50 ألفا هو الدعم الجديد) ، أو تحل مستويات الدعم محل مستويات المقاومة. يشار أحيانا إلى مستويات المقاومة باسم "الأسقف" ومستويات الدعم باسم "الأرضيات". فيما يلي نظرة على مستويات الدعم والمقاومة على Bitcoin:

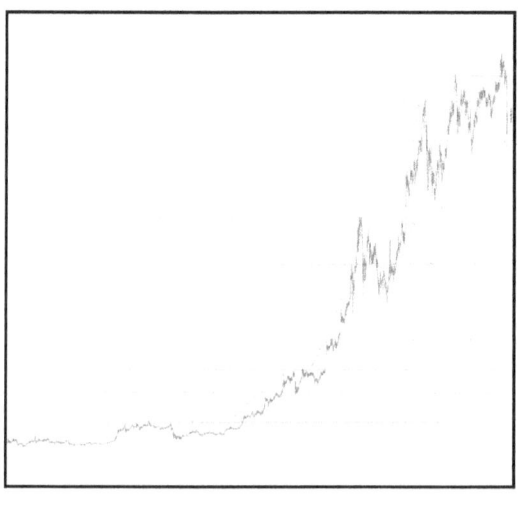

الشكل 2: الدعم والمقاومة2 *(tradingview.com)*

كما ترى ، يميل السعر إلى التداول بشكل جانبي على طول مستويات الدعم والمقاومة. بعد ذلك ، يحدث اختراق (كما هو موضح مع الأسهم) ، ويتم إنشاء مستويات دعم ومقاومة جديدة ، وإعادة تشغيل الدورة. مثل جميع المؤشرات ، فهو ليس علما دقيقا. ومع ذلك ، فإن مستويات الدعم والمقاومة توفر بلا شك أساسا لنسبة كبيرة من تحركات الأسعار والاختراقات.

مؤشرات الحجم والزخم

توفر مؤشرات الحجم نظرة ثاقبة لعدد الصفقات جنبا إلى جنب مع عوامل أخرى ، مثل السعر (الحجم وحده لا يوفر الكثير من التبصر كمؤشر ، ولهذا السبب يتم دمجها عادة). من ناحية أخرى ، تقيس مؤشرات الزخم معدل التغيير. معدل التغيير ، بدوره ، يساعد في تحديد القوة أو الضعف في السعر بالنسبة للتاريخ. لذلك ، تظهر مؤشرات الزخم مدى سرعة تحرك الأسعار صعودا وهبوطا ، ومدى قوة أو ضعف هذه الحركات ، وبالتالي مدى احتمالية استمرارها. تشمل مؤشرات الحجم والزخم الشائعة مؤشر متوسط الاتجاه (ADX) ومعدل التغيير (ROC) ومؤشر OBV (الحجم الإجمالي) ومؤشر القوة النسبية للحجم (مؤشر القوة النسبية).

المذبذبات

مؤشرات التذبذب هي مؤشرات تختلف ضمن الحد الأعلى والحد الأدنى (على سبيل المثال ، بين 0 و 100) وتتقلب ضمن هذه الحدود. تعمل مؤشرات التذبذب ضمن أطر زمنية قصيرة جدا وتستخدم لاكتشاف ظروف ذروة الشراء (البيع) أو ذروة البيع (الشراء). عندما تكون قيمة المذبذب أقرب إلى الحد الأعلى ، فهذا يعني عادة أن الأصل في منطقة ذروة الشراء ، بينما يمثل الحد الأدنى ظروف ذروة البيع. تشمل مؤشرات التذبذب الشائعة المتوسط المتحرك للتقارب / الاختلاف (MACD) ومؤشر القوة النسبية (RSI) وتدفق الأموال (MFI) ومعدل التغيير

(ROC). سيتم تقسيم MACD و RSI و MFI و ROC وغيرها تماما لاحقا ، حيث تصنف مؤشرات التذبذب من بين أهم أنواع المؤشرات وأكثرها شيوعا.

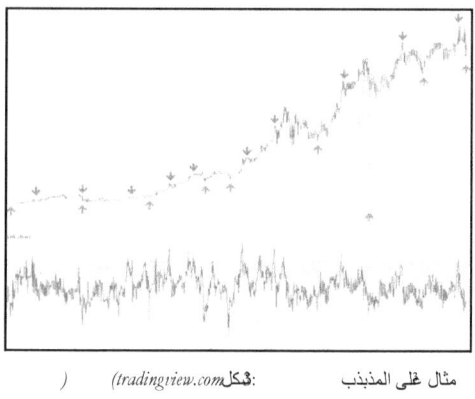

شكل3: مثال على المذبذب (tradingview.com)

هذا هو مؤشر القوة النسبية. لاحظ الإجراء في القسم السفلي. الرقم ، الموجود على يمين الرسم البياني (غير معروض) ، يقع بشكل عام ضمن النطاق الأرجواني ، لذلك بين 30 و 70. في أي وقت تصل فيه إلى ما فوق 70 ، تكون العملة في منطقة ذروة الشراء ومن المحتمل أن تتراجع. هذه إشارة بيع. يشار إلى إشارة الشراء عندما تنخفض إلى ما دون 30. ومع ذلك ، نظرا لأن مؤشر القوة النسبية هذا نادرا ما ينخفض إلى ما دون 30 ، فقد يراجع المرء إشارة الشراء لتكون ، على سبيل المثال ، 40 أو أقل ، وهي منخفضة نسبيا وبالتالي تشير إلى حالة ذروة شراء نسبية قوية.

مؤشرات المتوسط المتحرك

المتوسطات المتحركة هي مؤشرات متأخرة تحدد مستويات الدعم ومستويات المقاومة واتجاه الاتجاه. تعمل المتوسطات المتحركة على تنعيم البيانات في خطوط مفردة. إذا كان الخط مائلا لأعلى ، فإنه يمثل اتجاها صعوديا ، وإذا كان مائلا لأسفل ، فإنه يمثل اتجاها هبوطيا. ثم تعمل هذه الخطوط كمستويات دعم ومقاومة مستقبلية. يتم حساب المتوسطات المتحركة ضمن إطار زمني قابل

للتخصيص. الأطر الزمنية الأكثر شيوعا هي 5 و 10 و 15 و 20 و 50 و 100 و 200 يوم (على سبيل المثال ، قد يقول المرء إنه ينظر إلى "المتوسط المتحرك لمدة 50 يوما"). يمكن استخدام أطر زمنية مختلفة بالتزامن ؛ تشير هذه التقاطعات إما إلى حركة صعودية أو هبوطية (صعودية إذا عبر المتوسط المتحرك قصير المدى فوق المتوسط المتحرك طويل المدى وهبوطية إذا انخفض المتوسط المتحرك قصير المدى إلى ما دون المتوسط المتحرك طويل المدى). المتوسطان المتحركان الأكثر شيوعا هما المتوسط المتحرك البسيط (SMA) والمتوسط المتحرك الأسي (EMA).

الشكل 4: مثال على مؤشر المتوسط المتحرك4 (tradingview.com) * إشارات الشراء برموز الإبهام الخضراء ، وإشارات البيع باللون الأحمر.

هنا ، يتم عرض المتوسط المتحرك لمدة 50 يوما والمتوسط المتحرك لمدة 200 يوم. نظرا لأن المتوسط المتحرك ل 50 يوما قصير الأجل ، فهو أكثر توافقا مع السعر ، في حين أن المتوسط المتحرك ل 200 يوم "أكثر سلاسة" ويصور اتجاهات أكثر عمومية بدلا من الحركات الأصغر حجما. سيؤدي التداول على المتوسطات المتحركة بين إشارة "الشراء" الأولى وإشارة "البيع" الأولى إلى ربح 2x ، ثم إعادة الدخول عند إشارة "الشراء" الثانية والبيع عند "البيع" الثاني

14

سيؤدي إلى ربح 5x. سيكون الربح الناتج عن التداول على جميع إشارات البيع والشراء 13x ، في حين أن الاحتفاظ ببساطة سيكون 10x. لذلك ، سيكون المتداول النشط أكثر ربحية بنسبة 30٪ تقريبا باستخدام المتوسطات المتحركة (في هذه الحالة) من شخص ما يحتفظ به ببساطة. في حين أن هذه ليست القاعدة بأي حال من الأحوال ، إلا أنها تعرض بشكل جيد الفائدة التي يمكن أن يجلبها التحليل الفني الأساسي والمتوسطات المتحركة.

مؤشرات التقلب

مؤشرات التقلب لا تقيس أو تتنبأ بالاتجاهات. بدلا من ذلك ، فإنها تقيس المخاطر ، وتوفر المخاطر طبقة أساسية من السياق حول عملة أو رمز مميز (المزيد عن التقلبات يأتي في قسم التحليل الأساسي). مؤشرات التقلب الشائعة هي الانحرافات المعيارية ومتوسط المدى الحقيقي (ATR) والبولنجر باند.

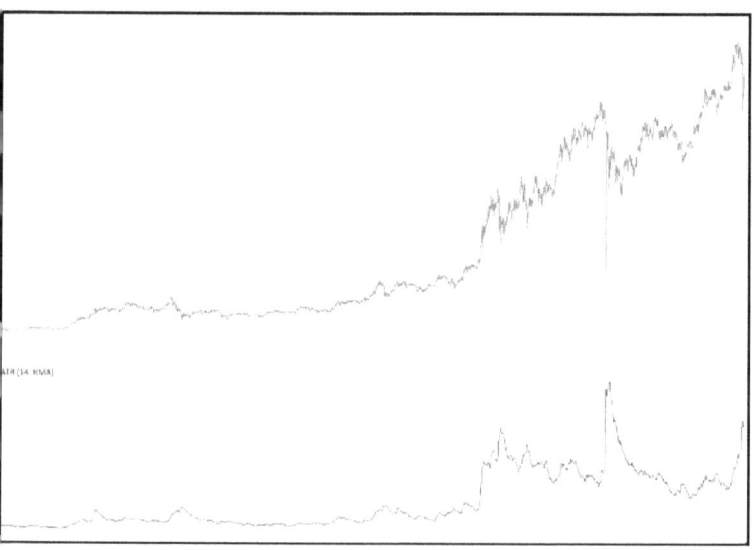

الشكل 5: مثال على مؤشر التقلب5 *(tradingview.com)*

التداول السلوكي

يولي المحللون الفنيون درجة كبيرة من الأهمية للجوانب النفسية والسلوكية للأسعار. بهذا المعنى ، تعد الغرائز السلوكية وعلم النفس مؤشرا (بالمعنى الأوسع للكلمة) لأنها (من منظور المحلل الفني) تؤثر على الأسعار. على سبيل المثال ، من المحتمل أن يكون لدى Bitcoin مقاومة قوية عند 50000 دولار ، وقد يأتي الكثير من هذه المقاومة من حقيقة أن 50000 دولار هو رقم دائري لطيف يضع الناس أوامر الشراء عنده. من خلال مثل هذه المواقف وغيرها ، يعد علم النفس جزءا قابلا للتطبيق من حركة السعر ، وبالتالي التحليل. تحقق من الرسم البياني أدناه لمعرفة تأثير علم النفس على التداول:

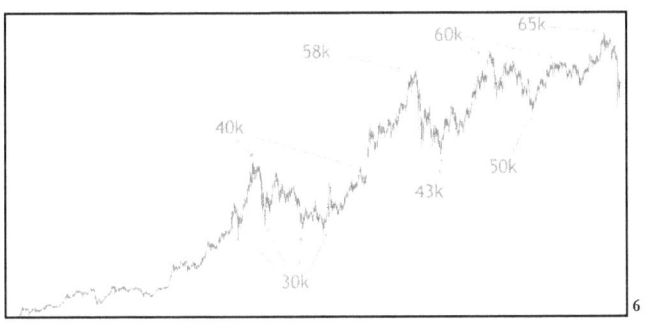

الشكل 6: مثال على التداول السلوكي للبيتكوين7 (tradingview.com)

يوضح مخطط Bitcoin أعلاه أن معظم مستويات الدعم والمقاومة قريبة جدا من الأرقام المستديرة اللطيفة ، مثل 30,000 دولار و 40,000 دولار و 65,000 دولار. يوضح هذا أيضا أن هذه ليست القاعدة بنسبة 100٪ من الوقت ، كما هو الحال مع 58,000 دولار و 43,000 دولار. ومع ذلك ، فإن الاستثناءات تثبت القاعدة فقط ، والقاعدة هي أن الأرقام التي يسيطر عليها علم النفس أكثر تؤثر على الأسعار.

16

مقدمة التحليل الفني: مكتمل!

مجتمعة ، تهدف جميع المؤشرات المذكورة أعلاه إلى تنبيه [المتداول حول الاتجاه] ، والتنبؤ [بالأسعار المستقبلية] ، وتأكيد [التنبؤ من خلال مؤشرات أخرى]. هذا النظام المكون من ثلاث خطوات من جيف ديجاردان من الرأسمالي *البصري* يبسط العملية بشكل جيد للغاية. لذا ، تذكر أن العملية التي يتم من خلالها إجراء الصفقات والغرض من المؤشرات هي التنبيه والتنبؤ والتأكيد. هذا يلخص الآن مقدمتنا للتحليل الفني. في وقت لاحق من الكتاب هو الغوص العميق في التحليل الفني. في الوقت الحالي ، سنلقي نظرة على الشكل السائد الآخر للتحليل.

التحليل الأساسي ، وسيلة أخرى لاختيار الاستثمارات ، يدور حول تحليل القيمة الحقيقية للأصل من خلال تقنيات التقييم التي تشمل التحليل الاقتصادي الشامل ، وتحليل الصناعة والقطاع ، وتحليل البيانات المالية. نظرا لأن التحليل الأساسي يعتمد فقط على البيانات المتاحة للجمهور ، يمكن للمستثمرين العثور على استثمارات من خلال نهج من أعلى إلى أسفل أو من أسفل إلى أعلى. في نهج من أعلى إلى أسفل ، يتم النظر أولا في صحة واتجاه الاقتصاد ، يليه كل قطاع ، وأخيرا كل منظمة. يختار المستثمرون الأفضل في كل مرحلة ويتدفقون للعثور على فرص مقومة بأقل من قيمتها. يمكن أخذ هذا المفهوم من سوق الأوراق المالية وتطبيقه على التحليل الأساسي للعملات المشفرة. يمكن للمستثمرين أولا البحث في الصحة العامة لسوق العملات المشفرة ، ثم تحديد شريحة معينة مقومة بأقل من قيمتها. من هناك ، يمكن البحث عن الشركات والمشاريع المقومة بأقل من قيمتها.

مثال على ذلك يذهب على النحو التالي:

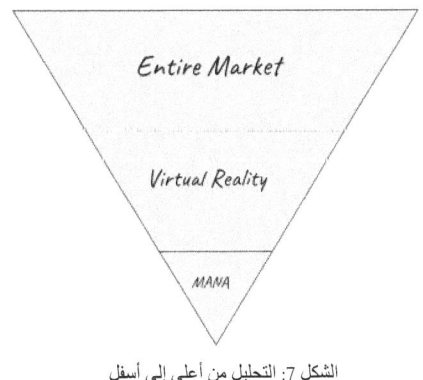

الشكل 7: التحليل من أعلى إلى أسفل

بهذه الطريقة ، يمكن للمرء استخدام تحليل من أعلى إلى أسفل لتحديد أفضل الاستثمارات. ومع ذلك ، فإن طبيعة العملية تتطلب قدرا كبيرا من الوقت الذي يقضيه في فرز جميع أنواع البيانات ، أولا للسوق ككل ، ثم من خلال قطاعات مختلفة ، وأخيرا من خلال جميع العملات في هذا القطاع.

النهج المعاكس ، المسمى التحليل من أسفل إلى أعلى ، يحلل أولا الأصول الفردية. وينجح ذلك لأن الاستثمارات الفردية غالبا ما تتفوق بسهولة على صناعتها أو قطاعها ككل، لذا فإن الاعتماد على بيانات القطاعات يتجاهل قيمة المشاريع ذات الأداء المتفوق في القطاعات ذات الأداء الضعيف.

تؤكد الفكرة الأساسية للتحليل الأساسي للعملات المشفرة أن العملات المعدنية والرموز المميزة لها قيمة جوهرية يجب أن تنعكس على السعر. لذلك ، يمكن للمرء أن يستنتج أن أي سعر أقل من هذه القيمة الحقيقية (القيمة الحقيقية ليست راكدة وتتغير مع ظهور معلومات جديدة عامة) يجعلها مقومة بأقل من قيمتها ، وأي سعر فوق القيمة الجوهرية يجعلها في ذروة الشراء والبيع. على الرغم من أن مفهوم القيمة وتحديد القيمة قد يبدو وكأنه علم دقيق (على سبيل المثال ، القيمة الحقيقية لهذا التشفير هي 20 دولارا ويتم تداولها بسعر 15 دولارا ، ومكاسب محتملة سهلة بقيمة 5 دولارات) ، إلا أن التحليل الأساسي غالبا ما يكون مضاربا تماما لأن الناس منذ القيمة الحقيقية هي مسألة مضاربة. الفكرة المركزية هي أن جميع استثمارات التشفير إما مقومة بأقل من قيمتها أو مبالغ فيها ، ومهمتك كمحلل أساسي هي تحديد الأكثر بأقل من قيمتها. يقوم المحللون الأساسيون بإجراء البحوث من خلال مجموعة واسعة من المصادر ، ولكن يمكن تجميع معظم المعلومات من خلال القنوات التالية:

افرقه

المستندات التقنية

احداث

منافسة

الاداه المساعده

تحليل المشاعر

القيمة السوقية

نشاط

التقلبات

آليات التوريد

يتم تشريح هذه العناصر العشرة للتحليل الأساسي ، بدءا من الصفحة السادسة والثلاثين ، في جميع أنحاء قسم "تحليل الأساسيات" القادم. اعتبارا من الوقت الحالي ، ستختتم مقدمتنا للتحليل الأساسي ببعض المفاهيم والمقاييس الأساسية المتعلقة بالتحليل الأساسي غير المذكورة في القائمة أعلاه ، قبل الانتقال إلى تحليل الضجيج.

المقاييس على السلسلة

تتعلق المقاييس على السلسلة بالشبكة التي تقف وراء العملة المعدنية. في الأساس ، إنها لغة فنية ، ومع ذلك فهي مصطلحات مهمة جدا ، ومقاييس مثل متوسط ودائع الصرف ، وودائع عمال المناجم المرسلة إلى البورصات ، ومبلغ المعاملة وقيمتها ، ونشاط وقيمة العناوين ، ومعدلات التجزئة ، والرسوم ، وما إلى ذلك ، كلها قابلة للتطبيق للغاية في مساعدة المستثمرين على الوصول إلى قرارات الاستثمار. ومع ذلك ، عادة ما تكون المقاييس على السلسلة أفضل للاستثمارات قصيرة إلى متوسطة الأجل ، على عكس التداول طويل الأجل والأساسي ، نظرا لأن العديد من المقاييس المذكورة يمكن أن تتغير بناء على مجموعة متنوعة من

العوامل ، مثل من خلال التعديلات في الاستخدام أو حلول التوسع المختلفة (مثل Ethereum إلى Ethereum 2).

مقاييس المشروع

تصف مقاييس المشروع الصورة الكبيرة والعناصر البشرية للعملة المشفرة. يتضمن ذلك الفريق والورقة البيضاء والأحداث ، وسيتم تغطيتها قريبا.

المشاعر

يصف الشعور كيف يشعر الناس تجاه مشروع معين. في حين أن التفسير الكامل وموارد المشاعر قادمة ، ضع في اعتبارك أن تصور الناس للقيمة يغير القيمة. ومن ثم ، تؤثر المشاعر على مدى التقليل من قيمة العملة أو الرمز المميز أو المبالغة في تقديره ، وبالتالي ، فإن المشاعر جزء من القيمة الأساسية.

الاداه المساعده

المنفعة هي مدى فائدة العملة أو الرمز المميز وما هو التطبيق العملي الواقعي لها. يمكن تجميع الأداة المساعدة ، مثل القيمة النسبية (أدناه) ، في مقاييس المشروع. ومع ذلك ، فإن مفهوم المنفعة ذو قيمة حقيقية لأن العملات المعدنية التي تفوز على المدى الطويل هي تلك المفيدة بالفعل ، وبطريقة ما ، تحل مشكلة وبالتالي تخلق فائدة.

القيمة النسبية

يمكن من الناحية الفنية جمع القيمة النسبية مع مقاييس المشروع ، ولكن نظرا لأهميتها ، أشعر أنه يجب أن يكون لها قسم مخصص. القيمة النسبية هي تحليل القيمة الحقيقية و / أو القيمة الحالية (بشكل أساسي ، ما تعتقد أنه يجب أن يكون في مقابل مكانه) للمنافسين ومقارنته بالعملة أو الرمز المميز الذي تبحث عنه. على سبيل المثال ، إذا كنت قد أجريت بحثك وخلصت إلى أن 6 من أصل 14 شركة

تشفير للواقع الافتراضي قد شهدت أقمارا ضخمة بنسبة 200٪ ولم تشهد MANA (يرجى الرجوع إلى المثال السابق في الصفحة 30) ، فيجب أن تسأل نفسك لماذا لم يحدث هذا. ربما يكون هناك خطأ ما في الشركة ، و MANA ليست عملية شراء ، أو ربما لم يحدث *ذلك* بعد ، وبالتالي فإن MANA هي عملية شراء مقومة بأقل من قيمتها الحقيقية. بهذه الطريقة ، يعد تحليل جميع أنواع المقاييس المتعلقة بالمشاريع المماثلة طريقة رائعة لقياس القيمة.

بهذا نختتم تحليلنا الموجز للتحليل الأساسي. في حين أن هذا الكتاب يدور حول التحليل الفني والتحليل الفني هو بالتأكيد طريقة تداول مربحة وأكثر إثارة للأدرينالين ، أعتقد أن أفضل الاستراتيجيات والمحافظ طويلة الأجل تستخدم أنواعا متعددة من التحليل ، وبالتأكيد لا ينبغي التغاضي عن التحليل الأساسي من حيث موثوقيته واستخدامه على نطاق واسع.

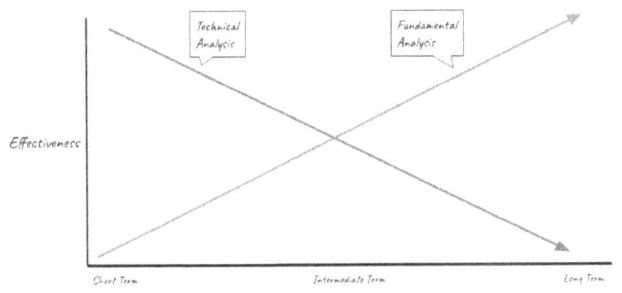

الشكل 8: مقارنة فعالية TA مقابل FA

أود أن أوضح نقطة أخرى قبل الانتقال إلى استخدام الرسم البياني أعلاه.[2] بشكل عام ، تقل فعالية وصحة التحليل الفني بمرور الوقت ، بينما تزداد صحة التحليل

---

[2] مصدر إلهام لهذا المرئي من trading-education.com.

22

الأساسي بمرور الوقت. على الرغم من أنها ليست علاقة خطية كما هو موضح في الرسم البياني ، إلا أن هذه القاعدة صحيحة في معظم الأوقات. لا ينظر المحللون الفنيون عادة إلى المؤشرات ويقررون ما إذا كانوا سيحتفظون بعملة معدنية أو رمز مميز لأشهر أو سنوات أم لا ، بينما لا ينظر المحللون الأساسيون إلى بيانات السوق لتحديد ما إذا كانوا سيشترون عملة معدنية أم لا لقلب سريع. هذا لا يعني بأي حال من الأحوال أنه يجب عليك وضع نفسك في صندوق. إنه يصور فقط الاختلاف العام في الإطار الزمني بين TA و FA ، وبالتالي يوفر بعض السياق حول استراتيجية التداول التي قد تختارها.

تحليل الضجيج

تحليل الضجيج ليس مصطلحا شائع الاستخدام في عالم التشفير الأوسع ، ولكنه مصطلح يصف بشكل كاف الظاهرة التي تحلل اتجاهات "الضجيج" في العالم الحقيقي. ربما إلى حد أكبر من أي أدوات استثمارية كبيرة أخرى ، فإن سوق التشفير مدفوع بالضجيج والاتجاهات. قد يكون Elon Musk هو المثال الرئيسي على ذلك ، حيث تشتهر تغريداته حول العملات المشفرة بتأثيرها الكبير على سعر الموضوع ، سواء بشكل إيجابي أو سلبي. قام ماسك ذات مرة بتغريد كلمة "Doge" فقط ، واستمر سعر Dogecoin (DOGE) في التحرك من 0.036 دولار إلى 0.082 دولار في الأيام الخمسة التالية ، بزيادة 220%. في حين أن هذا لا أساس له من الصحة في الغالب ، فإن الفئات الفرعية في سوق التشفير ، مثل DeFi و FinTech و Gaming Coins و Web 3.0 والعديد من الفئات الأخرى ، غالبا ما تنفجر دفعة واحدة وتتسبب في أن تشهد معظم العملات المعدنية داخل هذه المناطق طفرات هائلة وإيجابية. بهذه الطريقة ، وغيرها ، يعد التداول على الاتجاهات والضجيج استراتيجية سليمة ، من الناحية التاريخية وفقط إذا تم القيام بها بشكل صحيح. على الرغم من أنني لا أنصح بذلك بالضرورة ، إذا تم القيام به بشكل صحيح ، فإن السماء هي الحد الأقصى.

المخاطرة مقابل المكافأة

مفهوم المخاطرة مقابل المكافأة هو أساس جميع قرارات الاستثمار لأن المستثمر يتوقع أشياء معينة من استثمارات معينة ويختار ، على سبيل المثال ، بين Bitcoin والأسهم والعقارات نتيجة لذلك. يملي مبدأ يسمى "مقايضة المخاطرة والعائد" أن المخاطر الأعلى ترتبط عموما بمكافأة أعلى. دعنا نعيد النظر في هذا المرئي من قسم خرق الأساطير الخاص بنا قبل بضع صفحات:

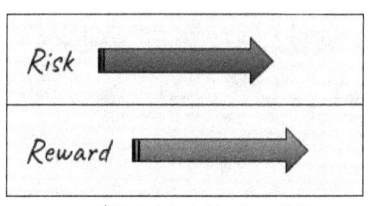

الشكل 9: المخاطرة مقابل المكافأة #2

غالبا ما تقاس المخاطر من التقلبات التاريخية. على سبيل المثال، أثبتت السندات الحكومية تاريخيا أنها تحمل مخاطر منخفضة للغاية (نظرا للدعم المؤمن عليه) وتقلبات قليلة للغاية. ثم خذ بنس واحد. دعنا نذهب مع CytoDyn ، (OTCMKTS: CYDY) ، الذي انتقل من 2.80 دولار إلى 8.77 دولار ، والعودة إلى 2.02 دولار ، وما يصل إلى 7 دولارات ، وصولا إلى 2 دولار ، وما يصل إلى 4 دولارات. كل ذلك في العام الماضي. بهذه الطريقة ، نظرا لأن التقلب أكبر بكثير ، فإن الخطر أكبر بكثير. ومع ذلك ، على الرغم من أن المخاطر أكبر ، فإن أي مستثمر احتفظ بالسهم للتو سيرتفع بنسبة 10٪ لهذا العام ، وهو عائد لائق ، وأي متداول يبيع في الوقت المناسب سيرتفع بأكثر من 100٪. بهذه الطريقة ، وفقا للمبدأ المذكور ، فإن المخاطرة تعادل المكافأة. بطبيعة الحال ، لا تساوي المخاطر الأعلى دائما عائدا أعلى ، ويمكن اتخاذ استراتيجيات لتقليل المخاطر في الاستثمارات المحفوفة بالمخاطر.

تعرف مساحة العملة المشفرة بأنها واحدة من أكثر الاستثمارات خطورة - إن لم تكن الوحيدة. على الرغم من المخاطر (وبالتالي التقلبات) ، فإن أي شخص اشترى ببساطة واحتفظ عمليا بأي عملة رئيسية على مدى السنوات القليلة الماضية ربما ارتفع عدة مئات في المائة ، إن لم يكن أكثر من ألف في المائة. لذلك ، في حين أن سوق التشفير محفوف بالمخاطر ومتقلب ، فإن المكافآت يمكن أن تساوي

المخاطر وتتجاوزها. دعونا نضع العدسة المكبرة للمخاطرة مقابل المكافأة على أنواع التحليل الثلاثة: التحليل الفني والتحليل الأساسي وتحليل الضجيج.

بشكل عام ، يتم استخدام التحليل الأساسي لتحديد القيمة طويلة الأجل لاستثمار معين ، بينما يستخدم التحليل الفني لتحديد الاستثمارات قصيرة الأجل. التحليل الأساسي ، من حيث المفهوم ، يحمل المزيد من المجهول من التحليل الفني لأن التحليل الفني يعتمد على المطلقات في بيانات التداول التاريخية ، بينما يهدف التحليل الأساسي إلى تحديد ظروف ذروة الشراء / ذروة البيع التي يمكن أن تتغير بسرعة وتستند إلى عرض شخصي للقيام بالفعل بالخطوة التي يجب أن يقوم بها السعر بشكل أساسي. لذا ، فإن التحليل الأساسي هو تحليل نظري أكثر منه تحليل فني ، على الرغم من أنه ينبغي القول أن انتشار العوائد (التقلب في العوائد) إذا كان في كثير من الأحيان أكبر في التحليل الفني بدلا من التحليل الأساسي. بمعنى أن متوسط عائد المستثمرين الأساسيين قد يبلغ 8٪ سنويا ، بينما قد يحقق المحللون الفنيون 10٪ في اليوم ويخسرون 2٪ في اليوم التالي. لذا ، تعرف على كلتا الاستراتيجيتين داخل مساحة التشفير وخارجها ، وجرب كلا النموذجين. سيسمح لك هذا ، على المدى الطويل ، بتحديد ما تفضله وما الذي يولد أعلى العوائد.

النوع الثالث من التحليل ، تحليل الضجيج ، أكثر تقلبا وخطورة من النوعين الآخرين ، وهو ليس طريقة تداول مقبولة بشكل عام ولا مثبتة تاريخيا. ومع ذلك ، فيما يتعلق بظروف السوق الحالية داخل مساحة التشفير ، فقد تجاوزت المكافآت المخاطر إذا تم إجراء البحث المناسب ووضع بروتوكولات السلامة. نظرا للطبيعة المتقلبة والمحفوفة بالمخاطر لمحاولة تحليل الاتجاهات والتداول عليها ، أقترح (معظم الآخرين أيضا) أن تبدأ بالتحليل الفني ، كما هو موضح في هذا

الكتاب ، بالإضافة إلى درجة معينة من التحليل الأساسي. بمجرد أن يكون لديك بعض الخبرة أو بأي طريقة أخرى تشعر بالراحة للاستثمار بناء على المضاربة الخالصة القائمة على الاتجاه ، فإليك كيفية القيام بذلك بشكل صحيح. يرجى تخطي هذا القسم إذا لم يكن لديك أموال ترغب في خسارتها أو لم تستثمرها من قبل.

علم نفس تداول الاتجاه

تعتمد شدة الاتجاهات ونجاحها ومدتها إلى حد كبير على عاطفتين: الخوف والجشع. كلما كان الناس أكثر جشعا ، كلما أصبحت الاتجاهات مبالغا فيها بالنسبة لقيمتها الحقيقية (أو قريبة من قيمتها الحقيقية). عملة الميم التي تصبح الشيء التالي الأكثر سخونة وترتفع إلى تقييم 100 مليون دولار ليست عقلانية: إنها تستند إلى المرح ، ثم الجشع ، وفي النهاية ، يعتمد الوقت الذي يبيع فيه الناس على الخوف. بهذه الطريقة ، تلعب العاطفة دورا كبيرا في الاتجاهات وتداول الاتجاهات. ضع ذلك في الاعتبار أثناء عرض الاتجاهات ، وتذكر أيضا أن الإفراط في الخوف أو الجشع قد يؤدي إلى قرارات سيئة. الآن ، للحفاظ على هذا المحتوى أصليا وعدم إعادة صياغة ، سأترك نظرة كاملة على سيكولوجية السوق لوقت لاحق في الكتاب. لا تتردد في التخطي إلى الأمام إذا كنت مهتما.

أمثلة على الاتجاهات

2020

من بين اتجاه dApp (اختصار للتطبيق اللامركزي) الذي اكتسب زخما طوال عام 2020 ، يمكن القول إن DeFi كان الاتجاه الفرعي الذي حقق أفضل أداء. بعض الشركات الشهيرة في مساحة DeFi في عام 2020 كانت Maker (MKR) و ChainLink (LINK) و Aave (AAVE). منذ عام 2020 (في الأشهر ال 15 الماضية ، حتى كتابة هذه السطور) ، ارتفعت هذه العملات المعدنية بمقدار 17 ضعفا و 950 ضعفا و 25 ضعفا على التوالي. Aave هي أحدث العملات

المعدنية ، ومن هنا جاءت العودة المذهلة التي تقترب من (95,000٪) 1000x ، بينما تم إنشاء العملتين الأخريين من 2020 إلى 2021. لا تزال مساحة DeFi تنمو بوتيرة لا تصدق.

2021

تعد عملات الألعاب قطاعا سريع النمو في سوق التشفير حيث تطور المشاريع طرقا جديدة يمكن من خلالها دمج اللامركزية والتشفير و NFTs مع الألعاب. عدد قليل من عملات الألعاب الشائعة هي Enjin Coin (ENJ) و Chain Games (CHAIN) و Decentraland (MANA). على التوالي ، في الأشهر الثلاثة الأولى فقط من عام 2021 ، ارتفعت هذه العملات 20x و 22x و 15x. يتضمن ذلك مضخة (1000٪) 10x من CHAIN في *7 أيام* فقط. في حين أن هذه العملات تمثل بالتأكيد أفضل ما في مساحة ألعاب التشفير ، يمكن تحديدها جميعا من خلال عدسة اتجاه الألعاب ثم بناء على مزيد من طرق البحث الموجودة في قسم التحليل الأساسي أدناه. لا يزال لدى عملات الألعاب مساحة كبيرة للنمو.

مقياس الاتجاه

من المهم ملاحظة حجم الاتجاهات. بشكل عام ، كلما زاد الاتجاه ، انخفضت مكاسب كل أصل. على سبيل المثال ، يمكن أن يتسبب الاتجاه الهائل في Aave (AAVE) في زيادة 95x التي شهدها عام 2020 ، في حين أن الاتجاه إلى مساحة DeFi بأكملها يمكن أن يتسبب في ارتفاع المساحة بأكملها 3x أو 5x أو 10x وقد يؤدي الاتجاه إلى السوق بشكل عام إلى زيادة إجمالي القيمة السوقية بنسبة 50٪ أو 100٪ أو 200٪. بهذه الطريقة ، يمكن أن يحدد حجم الاتجاه النتائج لأن النسبة المئوية للربح هي نتيجة القيمة السوقية السابقة للاتجاه مقارنة بتدفق الأموال. في حالة وجود عملة ذات قيمة سوقية تبلغ 10 ملايين ، قد يوفر الاتجاه تدفقا قدره 400 مليون دولار ، مما يؤدي إلى زيادة قدرها 40 ضعفا. ومع ذلك ، في غضون

مساحة DeFi البالغة 40 مليار دولار ، [8] سيكون 400 مليون دولار مجرد زيادة بنسبة 1٪ وضمن سوق التشفير 2 + تريليون دولار ، فإن 400 مليون دولار هي مجرد انخفاض بنسبة 0.002٪ في الدلو. يؤثر مقياس الاتجاه أيضا على المخاطر والتقلبات.

اتجاهات المصادر

غالبا ما تبدأ الاتجاهات في البيئات الاجتماعية والقائمة على المشاعر ، وهذه هي المساحة التي أريد التأكيد عليها فيما يتعلق باتجاهات المصادر. مثل هذا النشاط هو في الحقيقة مجرد توقع الزخم الاجتماعي ، وعادة ما يبدأ الزخم الاجتماعي على المنصات الاجتماعية. المنصات الاجتماعية ، بدورها ، غالبا ما تنشر المعلومات في جزء كبير منها من خلال المشاعر (العاطفة) بدلا من النهج المنطقي البحت. عادة ما تكون القيمة الأساسية وراء الاتجاهات موجودة ، ولكن غالبا ما يتم تفجيرها بشكل غير متناسب بسبب المشاعر. في السنوات الأخيرة ، كانت ذروة هذا هو subreddit WallStreetBets (خاصة في الأحداث التي لا تزال قيد التطوير من GameStop و AMC قصيرة الضغط) وتغريدات Elon Musk في مساحة التشفير. في كلتا الحالتين ، نشأت الاتجاهات عبر الإنترنت ، واستندت إلى درجة معينة من القيمة الأساسية ، ثم تم تفجيرها بشكل غير متناسب مع الزخم الاجتماعي. لذا ، فإن مسألة اتجاهات المصادر هي مسألة تحديد الزخم الاجتماعي قبل حدوثه. هذا ، للأسف ، هو الجزء الصعب. من واقع خبرتي ، غالبا ما تأتي البصيرة من خلال إبقاء أذنك على الأرض عبر مجتمعات التشفير والمؤثرين على منصات متعددة (بشكل أساسي YouTube و Twitter و Reddit و Discord و Instagram و TikTok). لا تحتاج إلى التنبؤ بالاتجاهات قبل حدوثها ، تماما كما تحدث ، وقبل ذروة الشعبية. هذه هي الطريقة الأكثر أمانا (وليس أن مثل هذه الاستراتيجية آمنة) للحصول على اتجاهات مقدمة ؛ ليس من خلال محاولة التنبؤ بها ، ولكن عن طريق الركوب. العوائد ليست هي

نفسها (بالنسبة لكونها مبكرة للغاية للاتجاه) ، ولكن المخاطر تقل بنفس القدر. هذا يختتم نظرة على تحليل الضجيج (كما أعرفه) ومقدمة للتحليل الأساسي والفني. سننتقل إلى مقاييس التحليل الشائعة.

تحليل العملات المشفرة الأساسي

يعتمد هذا القسم على مقدمة التحليل الأساسي المقدمة حتى الآن ويشكل مقدمة شاملة للتحليل الأساسي قبل أن ننتقل إلى موضوع التحليل الأكثر تعقيدا من خلال الوسائل التقنية.

- افرقه
- المستندات التقنية
- احداث
- منافسة
- تقنية الأخ الأكبر
- الاداه المساعده
- تحليل المشاعر
- القيمة السوقية
- نشاط
- التقلبات
- آليات التوريد

افرقه

كل عملة أو رمز مميز لديه شخص أو فريق وراءه يهدف إلى تقديم خدمة أو حل مشكلة أو بطريقة أخرى توفير فائدة وقيمة. غالبا ما تكون المعلومات المتعلقة بالفريق الذي يقف وراء الاستثمارات المحتملة مؤشرا كبيرا للنجاح على المدى الطويل. ينطبق هذا بدرجة أقل إذا كان من المفترض تنفيذ الصفقة في فترة قصيرة ؛ ومع ذلك ، حتى ذلك الحين ، فإن إجراء العناية الواجبة على الفريق يسمح بفهم أكبر للوضع العام ويوفر سياقا مهما لجميع قرارات الاستثمار. خذ Storj ، وهو مشروع يهدف إلى إنشاء تخزين سحابي لامركزي. يتكون الفريق من ثمانين خبيرا

مرموقا من خلفيات مختلفة ، والرئيس التنفيذي ، بن جولوب ، أستاذ في جامعة نورث وسترن ودرس سابقا في جامعة هارفارد. بالإضافة إلى ذلك ، وضعت الشركات الكبرى مثل Google الأموال في الفريق والمشروع. في حين أنه لا يوجد شيء هنا يضمن النجاح ، فإن الأساس المتين يزيد بشكل كبير من فرص الابتكار والنجاح على المدى الطويل. لا يتم تشغيل بعض العملات المشفرة من قبل مجموعة مستقلة من المطورين ، بل من قبل المنظمات. كاردانو ، مثال على ذلك ، تديره ثلاث شركات: IOHK و Emergo و Cardano Foundation ، والتي بدورها يديرها قادة الصناعة ذوو السمعة الطيبة. ارتفع ADA بنسبة 4,000٪ خلال السنوات القليلة الماضية.

المشاريع مع أشخاص ومنظمات مثل ADA و STORJ ، بالإضافة إلى العديد من الآخرين ، هي مناجم الذهب في مساحة التشفير. المشاريع التي تستمر على المدى الطويل وتستمر في بناء المرافق وخلق القيمة هي المشاريع التي من المرجح أن تحقق نموا هائلا ومستداما ، وتستند هذه المشاريع إلى فريق مختص ومتفاني. للبحث عن الفريق الذي يقف وراء مشروع تهتم به ، ما عليك سوى البحث حولك ، والتحقق من موقع المشروع على الويب ، والبحث عن أسماء أعضاء الفريق.

المستندات التقنية

المستند التعريفي التمهيدي هو تقرير إعلامي صادر عن مؤسسة حول منتج أو خدمة أو فكرة عامة معينة. تقدم المستندات التقنية معلومات حول فكرة المشروع وتوفر جدولا زمنيا للأحداث المستقبلية. بشكل عام ، يساعد هذا القراء على فهم مشكلة ما ، ومعرفة كيف يهدف منشئو الورقة إلى حل هذه المشكلة ، وتكوين رأي قاطع حول جدوى المشروع. هناك ثلاثة أنواع من الأوراق البيضاء تتردد على مساحة العمل: "الخلفية" ، التي تشرح خلفية منتج أو خدمة أو فكرة ، وتوفر

معلومات تقنية تركز على التعليم تبيع القارئ على المفهوم. النوع الثاني من الورق الأبيض هو "قائمة مرقمة" تعرض المحتوى بتنسيق سهل الهضم وموجه نحو الأرقام. على سبيل المثال ، "10 حالات استخدام لعملة HL" أو "10 أسباب ستهيمن CM الرمزية على السوق". النوع الأخير هو المستند التقني "المشكلة / الحل" ، والذي يحدد المشكلة التي يهدف المنتج أو الخدمة أو الفكرة إلى حلها ويوفر الحل المنفذ.

تستخدم الأوراق البيضاء داخل مساحة التشفير لشرح المفاهيم الجديدة والجوانب الفنية والرؤية والخطط المحيطة بمشروع معين. سيكون لجميع مشاريع التشفير الاحترافية ورقة بيضاء ، توجد عادة على موقع الويب الخاص بهم ، وستمنحك هذه التقارير فهما أفضل لمشروع معين أكثر من أي مصدر آخر للمعلومات التي يمكن الوصول إليها. في الصفحة التالية توجد بعض مواقع الويب التي تخزن الأوراق البيضاء المشفرة.

allcryptowhitepapers.com ¨

cryptorating.eu/whitepapers ¨

coindesk.com/tag/white-papers ¨

احداث

هناك طريقة رائعة لتحليل إمكانات العملة أو الرمز المميز ، سواء على المدى القصير أو المتوسط أو المدى الطويل ، من خلال فهم الأحداث القادمة. تقاويم أحداث التشفير الشائعة أدناه.

¨كوين ماركتيكال

coinmarketcal.com/en

¨كوين ايفينتس

coinevents.co

¨كوينز التقويم

coinscalendar.com

تسرد مواقع الويب هذه جميع عمليات الإطلاق القادمة والشراكات والإنزال الجوي والشوك / المقايضات والأحداث البارزة الأخرى لمعظم العملات المشفرة. يمكن أن يخبرك المبلغ البسيط لأحداث العملة القادمة ، ناهيك عن الجودة ، بالكثير عن المشروع. في المقابل ، توفر القراءة في كل حدث خطوة إلى الأمام من حيث فهم كيفية تخطيط المشروع للتطور بمرور الوقت. نظرا لأن العملات المشفرة لا تشكل سوقا فعالا تماما ، فإن الأحداث التي تحدث بعد بضعة أسابيع أو أشهر غالبا ما لا يتم تسعيرها بالكامل في الأصل وبالتالي تمثل انفصالا عن القيمة الحقيقية. التداول على أساس فقط هو محفوف بالمخاطر للغاية (وغير مستحسن) ، وإذا تم القيام به على الإطلاق يجب أن تركز على الأحداث التي تحدث على الأقل بضعة أسابيع من التاريخ الحالي. حتى مع ذلك ، هناك مخاطرة ، لأنه إذا اشترى عدد كاف من المتداولين في وقت مبكر بما فيه الكفاية ، بقصد التخلص من يوم الحدث بعد مضخة مفترضة ، يمكن أن ينهار السعر بدلا من ذلك ، بغض النظر عن نتيجة الحدث. لذا ، قم بوزن كل هذه العوامل المتعلقة بالحدث أثناء التفكير في كيفية أو ما إذا كنت ستستثمر في عملة معدنية أو رمز مميز ، وبغض النظر ، تأكد من

البقاء على اطلاع على الأحداث التي تحدث في جميع أنحاء السوق وداخل عالم الأصول التي تمتلكها.

منافسة

كما هو الحال في جميع جوانب الأعمال ، فإن المنافسة أمر لا بد منه لفهم الوضع النسبي للشركة في سوق معين. في سوق التشفير شديد التقلب ، ينطبق هذا بدرجة أكبر. هناك مساحة كبيرة داخل منافذ سوق التشفير لشركات متعددة ، وهذا يعود إلى مفهوم Big-Brother ، الذي يملي أن المشاريع التي تقدم تطورا صغيرا من مشروع أكبر آخر غالبا ما تؤدي أداء جيدا للغاية على الرغم من المنافسة الراسخة.

امثله:

§ وضعت USD Coin نفسها كنسخة محسنة من Tether.
§ تقدم PancakeSwap رسوما أقل من Uniswap.
§ استفاد شيبا إينو من مغامرة دوجكوين.
§ نما كاردانو وسولانا من خلال النظر إليهما على أنهما نسختان محسنة من Ethereum.
§ استفاد Sandbox من الضجيج الذي أحدثته Decentraland.

تقنية الأخ الأكبر

تعد تقنية Big-Brother ، وهي من ابتكار المؤثر المشفر الشهير *Ivan On Tech* (تتوفر روابط لقناته في قسم الموارد) ، مفهوما مهما وسهلا للغاية في مجال المنافسة وتملي كيف ولماذا يمكن أن تنفجر بعض العملات المشفرة. تعتمد التقنية على الاتجاهات. ضمن هذه الاتجاهات (مثل DeFi و FinTech وعملات الألعاب) ، فإن المشاريع التي غالبا ما تكون مكافئة هي تلك التي لها مشروع مشابه يشبه الأخوة وتختلف من خلال بعض التغييرات الإيجابية. يعمل هذا لأن المستثمرين ليس من المرجح أن يتبنوا تقنية أو فكرة جديدة بقدر ما يتبنون مشروعا جديدا يختلف عن عملة شائعة بالفعل بطرق صغيرة فقط. على سبيل المثال ، كان Bitcoin (BTC) عندما ظهر لأول مرة مثل Ethereum ، (ETH) ، باستثناء أن ETH استخدمت العقود الذكية. بعد ذلك ، كان كاردانو مثل Ethereum ، باستثناء Cardano استخدم خوارزمية إثبات الحصة المعدلة لجعل شبكته أكثر قابلية للتوسع. في الآونة الأخيرة ، كانت البورصة Uniswap (UNI) بمثابة الأخ الأكبر للتبادل PancakeSwap (CAKE) ، والتي تقدم رسوما أقل بكثير. في جميع هذه الحالات ، كان المتداولون على دراية بالمفاهيم والأفكار العامة وراء المشاريع والمشاريع الجديدة التي كانت متشابهة بشكل عام ولكن كان لها بعض التعديلات الرئيسية.

الاداه المساعده

تعد المنفعة داخل العملة أو الرمز المميز أحد أهم جوانب العناية الواجبة ، نظرا لأن فهم الغرض والقيمة الحالية والطويلة الأجل وراء العملة أو الرمز المميز يسمح بإجراء تحليل أوضح للإمكانات. يتم تعريف المنفعة على أنها مفيدة وعملية والعملات المشفرة أو الرموز المميزة ذات المنفعة لها استخدامات حقيقية وعملية. إنها ليست موجودة فقط ، بل تحل مشكلة أو تقدم خدمة. من المرجح أن تنجح

العملات المعدنية ذات حالات الاستخدام الأكثر وظيفية على عكس تلك التي ليس لها غرض مستمر وتطبيقات وابتكار. النظر في دراسات الحالة التالية:

§ تعمل Bitcoin (BTC) كمخزن موثوق به وطويل الأجل للقيمة ، على غرار "الذهب الرقمي".

§ يسمح Ethereum (ETH) بإنشاء dApp والعقود الذكية أعلى سلسلة Ethereum.

§ يمكن استخدام Storj (STORJ) لتخزين البيانات في السحابة بطريقة لامركزية ، على غرار Google Drive و Dropbox.

§ تقدم IOTA (IOTA) معاملات مجانية تماما لاستخدامها في المدفوعات اليومية الصغيرة.

§ يتم استخدام رمز الانتباه الأساسي (BAT) داخل متصفح Brave لكسب المكافآت وإرسال النصائح إلى المبدعين.

§ Golem (GNT) هو كمبيوتر عملاق عالمي يوفر موارد حوسبة قابلة للتأجير مقابل رموز GNT.

كل هذه العملات أو الرموز لها فائدة حقيقية وعملية. المشاريع التي لها فائدة وتعمل على تحسين المرافق باستمرار تحقق نجاحا أكبر على المدى الطويل. تأكد من التفكير في كيفية لعب الفرق ، كما ذكرنا سابقا ، في المنفعة.

تحليل المشاعر

تحليل المشاعر هو معرفة ما يعتقده الناس. يعد فهم المشاعر تجاه شخص أو علامة تجارية أو عملة معدنية أو رمز مميز أو اتجاه وما إلى ذلك معلومات مفيدة لأن الزخم الاجتماعي غالبا ما يتنبأ بالاتجاهات. اليوم ، يمكن للبرنامج تحليل مواقع التواصل الاجتماعي والإنترنت الأوسع للمشاعر (على سبيل المثال ، تحديد كمية الكلمات الإيجابية مقابل السلبية في التغريدات التي تذكر "Bitcoin" في ال 24 ساعة الماضية) وتجميع هذه المعلومات بتنسيق سهل الفهم. يمكنك أيضا إجراء البحث الخاص بك عن طريق التمشيط من خلال مواقع الويب أو ببساطة قراءة عناوين المقالات. فيما يلي العديد من الأدوات (وكلها مجانية) التي يمكن استخدامها لفهم المشاعر في السوق بأكمله أو مجتمع الاستثمار بأكمله أو الأصول الفردية.

- مؤشر الخوف والجشع المشفر alternative.me/crypto/fear-and-greed-index/

- مؤشر الثيران والدببة augmento.ai/Bitcoin-sentiment

- سانتيمنت
app.santiment.net

سقف السوق

تمثل القيمة السوقية ، وهي اختصار للقيمة السوقية ، القيمة الإجمالية للعملة المشفرة. يتم تمثيل الأسهم ، كما هو الحال في سوق الأوراق المالية ، من خلال العملات المعدنية أو الرموز المميزة. توفر القيمة السوقية معلومات عن التقلبات

والاتجاه الصعودي المحتمل ومجموعة من العوامل الأخرى التي قد تؤثر على قرارات الاستثمار.

للعثور على القيمة السوقية لعملة أو رمز مميز ، اضرب السعر في إجمالي عدد الوحدات. على سبيل المثال ، العملة المشفرة التي يبلغ تداولها 1،000،000 قطعة نقدية وسعر 10 دولارات لكل عملة لها قيمة سوقية تبلغ 10 ملايين دولار. فيما يلي بعض معادلات القيمة السوقية الأخرى:

هيليوم (HNT)
18 دولارا (السعر) × 77,995,503 (العرض) = 1,403,919,054 دولارا (القيمة السوقية)

عملة بينانس (BNB)
475 دولارا × 154,532,785 = 73,403,072,875 دولارا أمريكيا

الفطائر (كعكة)
22 دولار أمريكي = 151,000,000 دولار أمريكي
يمكنك إدخال هذا (أو حساب تقدير في رأسك)!

نشاط

تساعد مقاييس النشاط في تحديد حجم استخدام العملة المشفرة ، وكذلك كيفية ظهور هذا الاستخدام. تجسد ثلاثة مقاييس رئيسية النشاط: الحجم والعناوين النشطة والتقلب.

الأول هو حجم التداول ، وعادة ما يقال باسم "الحجم". الحجم هو عدد العملات المعدنية أو الرموز المميزة المتداولة خلال إطار زمني محدد. من خلال فهم الحجم

، يمكن فهم المعلومات الأخرى حول العملة ، مثل الشعبية والتقلب والمنفعة وما إلى ذلك ، بشكل أفضل. فيما يلي بعض المواقع التي توفر معلومات سهلة ومجانية حول الحجم:

¨كوين ماركيت كاب¨

coinmarketcap.com

¨كوين جيكو¨

coingecko.com

¨ياهو المالية التشفير¨

finance.yahoo.com

المقياس الثاني هو العناوين النشطة ، وهو عدد العناوين الفريدة التي تشارك في معاملة ناجحة واحدة أو أكثر خلال إطار زمني معين وضمن معلمات معينة تحدد "نشطة". يمكن اعتباره عدد الأشخاص الذين يتداولون بنشاط داخل محيط بيئي للعملات المشفرة ، بغض النظر عن مقدار تداولهم. يلعب فهم العناوين النشطة المتعلقة بالبيانات التاريخية جزءا مفيدا من فهم اتجاهات التبني الإجمالية لأصل معين. عند البحث عن عناوين نشطة، اختر معلمات النشاط ذات الصلة، مثل النشاط في العناوين التي يزيد رصيدها عن 1 مليون دولار (لمعرفة ما إذا كانت الحسابات الكبيرة تشتري أو تبيع). تحقق من عدد العناوين النشطة على شبكة Bitcoin هنا:

¨جلاسنود ستوديو¨

studio.glassnode.com/metrics?a=BTC&m=addresses.ActiveCount

مقياس النشاط النهائي هو التقلب. التقلب هو السبب في أن الكثير من الناس لا يدخلون سوق التشفير وأيضا لماذا يفعل الكثيرون. إنه يخلق الثروات والإفلاس ، وقد زاد إلى حد كبير من وصمة العار المحيطة بالعملات المشفرة. التقلب هو مقياس للانحراف: مدى سرعة ومدى تكرار ومقدار اختلاف الأسعار. ببساطة ، إنه حجم التغيير. عادة ما يتم حساب التقلب من خلال الانحراف المعياري والتباين ومخططات الرسم البياني هي طريقة بسيطة للحكم على التقلبات (تقاس بدلتا وجاما وفيجا وثيتا).

تعرف فئات الأصول المختلفة بمستويات معينة من التقلبات ، وهذا ، في أكثر الأحيان ، هو السبب أو لماذا لا يدخل المستثمر في استثمار معين. فيما يلي نظرة على العديد من فئات الأصول المختلفة:

نقد
اواصر
عقار
الارصده
العملات الرقمية

بالنظر إلى القائمة أعلاه ، سأعيد ترتيب فئات الأصول هذه وفقا للتقلبات (من الأقل إلى الأكثر).[3]

نقد
اواصر
عقار
الارصده

العملات الرقمية

لذلك ، فإن النقد لديه مقياس منخفض جدا من التقلبات والأشخاص الذين يحتفظون بنسبة كبيرة من رأس مالهم نقدا يكرهون المخاطرة بشكل عام. العقارات أكثر تقلبا من النقد ، لذلك يجب أن يكون الأشخاص الذين يدخلون في العقارات أكثر راحة مع المخاطر. يحمل سوق الأسهم (خاصة مناطق معينة من السوق ، مثل الأسهم والخيارات الصغيرة) مستويات أعلى من المخاطر مقارنة بالعقارات ، بينما تحتل العملة المشفرة الصدارة.

قد تلاحظ أنه إذا تم إعادة ترتيب القائمة لقياس متوسط العائد من الأقل إلى

---

3 ضع في اعتبارك ما يلي قائمة معممة لتقلبات السوق الكلية التي تستبعد المخاطر والتقلبات الخاصة بالأصول.

أعظم ، سيبقى كما هو. وذلك لأن العوائد ترتبط عموما بالمخاطر ، والمقياس الأولي للمخاطر المتصورة هو التقلب. عادة ما يكون أداء المستثمرين الذين يتجنبون المخاطرة أسوأ بكثير من أداء المستثمرين المحترفين في مجال المخاطر خلال بعض فترات الازدهار الصناعي والاقتصادي ، ولكن غالبا ما يكون أداؤهم أفضل خلال فترات الركود وانعكاسات السوق. بشكل عام ، يساعد فهم تقلبات ومخاطر استثماراتك في تحديد استراتيجية طويلة الأجل تناسب أسلوبك الاستثماري. بعض الناس مرتاحون لمزيد من التقلبات ، والبعض الآخر مع أقل ، وفي كلتا الحالتين ، هذا جيد. فقط قم بأبحاثك. هودل

آليات التوريد

آليات التوريد هي العمليات التي يتم من خلالها تعريف العرض وإضافته وإزالته من التداول. فيما يتعلق بالعملات المشفرة ، يتعلق العرض بعدد العملات المعدنية أو الرموز الموجودة والتي ستكون موجودة ، وكذلك كيفية إضافة هذه العملات أو الرموز المميزة أو إزالتها من التداول. تحلل الصفحات التالية بإيجاز مفاهيم الحد الأقصى للعرض والعرض المتداول وبعد ذلك تدرس عدة أنواع مختلفة من آليات التوريد ، كل ذلك من أجل الوصول إلى فهم كامل لكيفية تأثير ميكانيكا التوريد على قرارات الاستثمار.

الحد الأقصى للإمداد

الحد الأقصى للعرض هو الحد الأقصى لعدد العملات التي يمكن أن توجد على الإطلاق لعملة مشفرة. يتم تحديد الحد الأقصى للعرض أو عدم وجوده مسبقا ، وأبرز مثال على ذلك هو حد عملة البيتكوين البالغ 21 مليون عملة. تضيف بعض العملات المعدنية ، مثل Bitcoin ، المزيد من العملات المعدنية إلى الشبكة بمرور الوقت حتى يتم الوصول إلى الحد الأقصى للعرض ، بينما يبدأ البعض الآخر بأقصى عرض لها ولا يزال البعض الآخر لا يحتوي على حد أقصى للعرض. بمجرد الوصول إلى الحد الأقصى للعرض ، لن يتم شراء المزيد من العملات المعدنية على الإطلاق ، وبالنسبة للعملات المعدنية ذات العرض الثابت ، سيتم الوصول إلى هذا الحد في النهاية من خلال "معدل الإصدار" الذي يحدد تدفق العملات المعدنية الجديدة وعادة ما ينخفض بمرور الوقت. على عكس هذه العملية ، فإن بعض العملات المعدنية ، بما في ذلك Ethereum (ETH) ، لها معدل إصدار محدد ولا يوجد حد أقصى للعرض. لفهم العملة المشفرة تماما ، قد ترغب في التحقق من الحد الأقصى للعرض ، بالإضافة إلى العرض المتداول. يمكن القيام بذلك من خلال مواقع التشفير الشهيرة مثل coinmarketcap.com

و coingecko.com. يمكن العثور على مزيد من المعلومات حول آليات التوريد لعملات مشفرة معينة على موقع المشروع.

توريد متداول

العرض المتداول هو العدد الإجمالي للعملات المعدنية أو الرموز المتاحة للجمهور. في بعض الحالات ، مثل Bitcoin ، سيزداد العرض المتداول حتى يتم الوصول إلى الحد الأقصى للعرض البالغ 21 مليون قطعة نقدية. في حالات أخرى ، ينخفض عدد العملات المتداولة ، غالبا من خلال عملية الحرق ، وبالتالي يجب أن تزيد القيمة الجوهرية للأصل (على افتراض عدم تغيير أي متغيرات أخرى) حيث سيتوفر عدد أقل وأقل. لذا ، فإن العرض المتداول هو العدد الحالي للعملات القابلة للتداول ، ويمكن أن يزيد عدد العملات القابلة للتداول أو ينقص بمرور الوقت.

العرض الثابت - الأصول الانكماشية

تحد العملات المشفرة ذات العرض الثابت خوارزميا من المعروض من العملات. بيتكوين هو أحد أصول العرض الثابت حيث لا يمكن إنشاء المزيد من العملات بمجرد طرح 21 مليون عملة في التداول. حاليا ، تم تعدين ما يقرب من 90٪ من عملات البيتكوين ، ويتم فقدان حوالي 0.5٪ من إجمالي العرض سنويا. نتيجة للانخفاض إلى النصف (المغطى أدناه) ، ستصل Bitcoin إلى الحد الأقصى للعرض حول 2140. تعمل العديد من العملات المشفرة الأخرى (التي يتم الحصول عليها من cryptoli.st) مثل Binance Coin (BNB) و Cardano (ADA) و Litecoin (LTC) و ChainLink (LINK) بإمدادات ثابتة مماثلة. والفائدة الأكثر وضوحا لنموذج العرض الثابت هي أن هذه الأنظمة انكماشية. الأصول الانكماشية هي الأصول التي ينخفض فيها إجمالي العرض بمرور الوقت ، وبالتالي تزداد قيمة كل وحدة. لتوضيح ذلك ، لنفترض أنك تقطعت بك السبل في

جزيرة صحراوية مع عشرة أشخاص آخرين ، وكل شخص لديه زجاجة مياه واحدة. عندما يشرب الناس مياههم ، يمكن أن ينخفض إجمالي المعروض من مائة زجاجة فقط. هذا يجعل الماء أصلا انكماشيا. مع انخفاض إجمالي العرض، تصبح كل زجاجة أكثر قيمة بشكل متزايد. قل ، الآن ، لم يتبق سوى عشرين زجاجة مياه. تبلغ قيمة كل زجاجة من زجاجات المياه العشرين ما كانت عليه خمس زجاجات مياه ذات مرة منذ أن انخفض إجمالي العرض بمقدار خمسة. وبهذه الطريقة، يشهد حاملو الأصول الانكماشية على المدى الطويل زيادات في قيمة حيازاتهم لأن القيمة الأساسية نسبة إلى الكل قد ارتفعت. على سبيل المثال ، في بداية محاكاة زجاجة الماء ، كانت زجاجة واحدة من أصل 100 1% من إجمالي العرض ، بينما بحلول النهاية كان 1 من أصل 20 5% من إجمالي العرض ، مما يجعل كل زجاجة تستحق 500% أكثر. وبهذه الطريقة ، فإن نموذج العرض الثابت والانكماشي ، مثل الذهب الرقمي ، سيزيد من القيمة الأساسية لكل عملة أو رمز مميز بمرور الوقت ويخلق قيمة من خلال الندرة.

؟ ماذا يحدث عندما تكون جميع العملات المعدنية متداولة؟

عندما يتم الوصول إلى الحد الأقصى ، ويتم تعدين جميع العملات المعدنية ، يجب على نظام المكافآت (على وجه التحديد من Bitcoin وكذلك معظم العملات الأخرى على أنظمة مماثلة) تغيير نظام التحقق من الصحة الخاص بهم لأن عمال المناجم لن يكونوا قادرين على كسب التشفير مباشرة من خلال التحقق من صحة المعاملات وإضافة كتل إلى blockchain. الحل لهذه المشكلة هو ببساطة التحول إلى نظام قائم على الرسوم يدفع فيه المستخدمون رسوما مباشرة لعمال المناجم جنبا إلى جنب مع كل معاملة.

عرض غير محدود - الأصول التضخمية

تزداد قيمة كل وحدة من الأصول الانكماشية نسبة إلى إجمالي العرض بمرور الوقت مع انخفاض إجمالي العرض. مع الأصول التضخمية ، تدخل الأموال الجديدة إجمالي العرض المتداول وتتسبب في فقدان جميع الأموال الأخرى لقيمتها. العودة إلى سيناريو الجزيرة حيث عشرة أشخاص لديهم عشر زجاجات مياه لكل منهم. افترض أنه تم اكتشاف رواد الجزيرة الذين تقطعت بهم السبل ، وأن طائرة ستحلق فوق الجزيرة وتوصل عشرين زجاجة مياه يوميا حتى يمكن إنقاذ المجموعة. سيحصل كل شخص بعد ذلك على زجاجتي مياه يوميا ، أي ما يعادل 20٪ من إجمالي إمداداته. في غضون 30 يوما ، سيكون إجمالي العرض (تجاهل الماء في حالة سكر) عند سبعمائة زجاجة مياه ، مما يعني أن كل زجاجة تمثل 0.14٪ من إجمالي العرض مقابل 1٪ الأصلية. هذا انخفاض 7 أضعاف في القيمة ويعكس تأثير التضخم المستمر. نفس رأس المال ينتقل إلى الأوراق المالية والعملات المشفرة ؛ العديد من العملات لديها عرض غير محدود وتجربة التضخم نتيجة لذلك. العملات الشائعة التي تستخدم نموذج إمداد غير محدود هي Ethereum (ETH) و Dogecoin (DOGE) والعديد من العملات الأخرى.

بعد كل ما قيل ، فإن العرض غير المحدود ليس بالفطرة قوة مدمرة بسبب التضخم - على الأقل من حيث القيمة ، وإن لم يكن بالتأكيد لرواد جزيرتنا. ضع في اعتبارك Ethereum (ETH) ، التي لديها إمدادات غير محدودة. يتم استخراج ثمانية عشر مليون إيثر سنويا ، وهو ثابت محدد. بالنظر إلى مقدار لا حصر له من الوقت ، يمكن إنتاج عدد لا حصر له من العملات المعدنية. ومع ذلك ، نظرا لأن الإضافات الثمانية عشر مليون تظل كما هي بينما يزداد إجمالي العرض ، يجب أن ينخفض التضخم بمرور الوقت. لتصور ذلك ، إذا كان هناك 250 مليون عملة Ethereum ، فإن التضخم يبلغ 7.2٪ ، لأن 250/18 هو 0.072. ومع

ذلك ، في غضون عشر سنوات ، عندما تم سك 180 مليون قطعة نقدية جديدة وبلغ إجمالي العرض 430 مليون ، يتم إنتاج نفس العدد من العملات المعدنية (ثمانية عشر مليونا) ، مما أدى إلى انخفاض التضخم إلى 4٪. عشر سنوات أخرى على الطريق والتضخم عند 2.9٪ ، وبعد عشرين عاما من ذلك ، انخفض إلى 1.8٪. بهذه الطريقة ، ينخفض التضخم بمرور الوقت. لذلك ، في حين أن التضخم لا يزال موجودا بالتأكيد للعملات المعدنية ذات الإمدادات غير المحدودة ، فإن معدل التضخم ينخفض بمرور الوقت. بالإضافة إلى ذلك ، فإن كمية صغيرة من التضخم جيدة للاقتصاد ، لأنها تجبر الناس على إنفاق الأموال أو استخدامها بطريقة أخرى حتى لا تفقد تلك الأموال القوة الشرائية. بعد كل ما قيل ، في حين أن معظم العملات المشفرة لديها عرض محدود ومعظم المستثمرين يحبون فكرة الأصول الانكماشية ، لا النماذج المحدودة أو غير المحدودة متفوقة تماما على البديل. كما هو الحال دائما ، يجب عليك إجراء البحث وفهم ما ستدخل فيه ، وبينما يجب أن تؤثر آليات التوريد بالتأكيد في قرارك ، لا ينبغي أن تكون العامل الحاسم (في معظم الحالات).

مُحرق

يشير مصطلح "محترق" إلى إزالة العملات المعدنية نهائيا من التداول. الحرق هو آلية إمداد تمكن من إخراج العملات المعدنية من التداول ، وبالتالي تعمل كأداة انكماشية وبالتالي تزيد من قيمة كل عملة أخرى في الشبكة ، مثل الكثير من عمليات إعادة الشراء في سوق الأسهم. عادة ما يتم تنفيذ الحروق من قبل الفريق الذي يقف وراء عملة مشفرة لدفع السعر إلى الأعلى من خلال الانكماش. يمكن أن يتم الحرق بعدة طرق مختلفة: إحدى هذه الطرق هي ببساطة إرسال العملات المعدنية إلى محفظة يتعذر الوصول إليها ، والتي تسمى "عنوان الآكل". في هذه الحالة ، على الرغم من أن الرموز المميزة لم تتم إزالتها تقنيا من إجمالي العرض ، فقد انخفض العرض المتاح بشكل فعال. حاليا ، تم فقدان حوالي 3 ملايين بيتكوين

(200+ مليار من القيمة) من خلال هذه العملية. يمكن أيضا نسخ الرموز المميزة عن طريق ترميز وظيفة النسخ في البروتوكولات التي تحكم الرمز المميز ، ولكن الخيار الأكثر شيوعا هو من خلال عناوين الآكل المذكورة. كما هو الحال مع النصف ، (أدناه مباشرة) تخلق الندرة قيمة ، والحرق يزيد من الندرة وبالتالي القيمة.

خفض

النصف هو آلية إمداد تحكم معدل إضافة العملات المعدنية إلى عملة مشفرة ذات عرض ثابت. تم تعميم الفكرة والعملية بواسطة Bitcoin ، والتي تنخفض إلى النصف كل 4 سنوات. يتم تشغيل النصف من خلال تخفيض مبرمج لمكافآت الكتلة. مكافآت الكتلة هي المكافآت الممنوحة لعمال المناجم الذين يعالجون ويتحققون من صحة المعاملات في شبكة blockchain معينة. من عام 2016 إلى عام 2020 ، كسبت جميع أجهزة الكمبيوتر (تسمى العقد) في شبكة Bitcoin مجتمعة 12.5 بيتكوين كل 10 دقائق ، وكان هذا هو عدد عملات البيتكوين التي تدخل التداول. ومع ذلك ، بعد 11 مايو 2020 ، انخفضت المكافآت إلى 6.25 بيتكوين في نفس الإطار الزمني. وبهذه الطريقة ، مقابل كل 210000 كتلة يتم تعدينها ، وهو ما يعادل كل أربع سنوات تقريبا ، ستستمر مكافآت الكتلة في الانخفاض إلى النصف حتى يتم الوصول إلى الحد الأقصى البالغ 21 مليون قطعة نقدية في حوالي عام 2140. وبالتالي ، فإن خفض قيمة البيتكوين إلى النصف يزيد من قيمة البيتكوين عن طريق تقليل العرض مع عدم تغيير الطلب. الندرة ، كما ذكرنا ، تدفع القيمة ، والعرض المحدود جنبا إلى جنب مع الطلب المتزايد يخلق ندرة أكبر وأكبر. لهذا السبب ، أدى التنصيف تاريخيا إلى ارتفاع سعر البيتكوين ومن المحتمل أن يكون محفزا للنمو على المدى الطويل.

الجزء 2: التحليل الفني

الغوص العميق في جميع جوانب التحليل الفني.

يغطي الجزء 1 جميع أسس تحليل العملات المشفرة ، ويطور هذا القسم موضوع هذا الكتاب: دليل وأداة مرجعية للمهتمين بالتحليل الفني للعملات المشفرة. فيما يلي مخطط موجز للجزء 2 ؛ يرجى الرجوع إلى جدول المحتويات أو الفهرس لمزيد من المعلومات:

الجزء 2: التحليل الفني
أنواع الرسوم البيانية
أنماط الرسم البياني
أنماط الشمعدان
المؤشرات
المذبذبات
الاستثمار وعلم النفس
موارد

البدء بالتحليل الفني

أثناء قراءة بقية هذا الكتاب ، أقترح عليك الرجوع إلى قسم الموارد للوصول إلى مجموعة من موارد العملة المشفرة. تتضمن الموارد أفضل ملفات البودكاست وقنوات YouTube والكتب الأخرى والمزيد ، وكلها تمكنك من البقاء على اطلاع دائم بسوق التشفير واتباع طرق تعلم بديلة.

إستراتيجية

في نهاية هذا القسم ، سنعيد النظر في مفهوم الاستراتيجية التراكمية. في الوقت الحالي ، كن على اطلاع على الروابط بين الأدوات والمؤشرات الفردية ، وفكر

في بناء "صندوق أدوات" تداول يتضمن العديد من الأدوات ، وكلها تعتمد على بعضها البعض وتسمح باختيارات فعالة ومبسطة ومربحة.

أنواع الرسوم البيانية

الرسوم البيانية هي أساس التحليل الفني. إنها تشكل الأساس الذي يمكن من خلاله فحص الأسعار والعثور على الأنماط. الرسوم البيانية ، على مستوى واحد ، بسيطة ، وعلى مستوى آخر ، عميقة ومعقدة. سنبدأ بالأساسيات. أنواع مختلفة من الرسوم البيانية واستخداماتها المختلفة.

مخطط خطي

المخطط الخطي هو مخطط يمثل السعر من خلال سطر واحد. معظم المخططات عبارة عن مخططات خطية لأنه على الرغم من أنها تحتوي على معلومات أقل من البدائل الشائعة ، إلا أنها سهلة الفهم للغاية. تقوم Robinhood و Coinbase (وكلاهما يستهدف خدماتهما تجاه المستثمرين الأقل خبرة) بتعيين المخططات الخطية كنوع مخطط افتراضي ، بينما تستخدم المؤسسات التي تستهدف جمهورا أكثر خبرة ، مثل Charles Schwab و Binance ، نماذج مخططات أخرى.

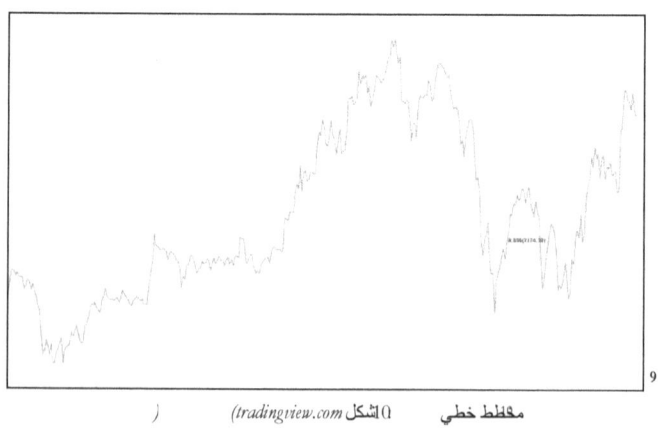

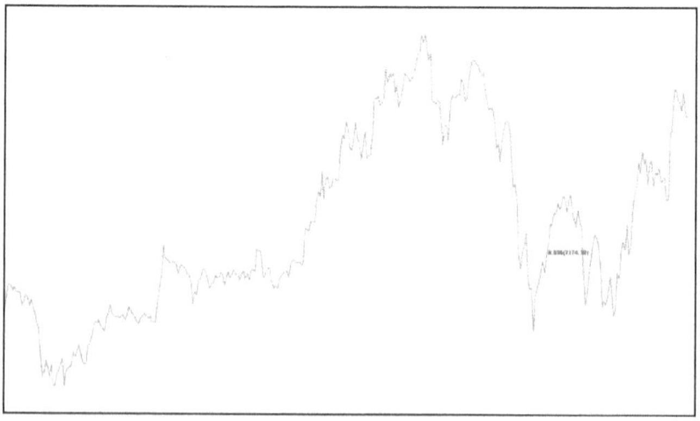

الشكل 0 مخطط خطي (tradingview.com)

مخطط الشموع اليابانية

تعد مخططات الشموع اليابانية شكلا أكثر فائدة لعرض المعلومات حول العملة وهي الرسم البياني المفضل لمعظم المستثمرين. خلال فترة معينة ، تحتوي مخططات الشموع اليابانية على "جسم حقيقي" عريض وقد تكون حمراء أو خضراء (نظام الألوان الشائع الآخر فارغ ومملوء بأجسام حقيقية). إذا كان أحمر (مملوء) ، كان الإغلاق أقل من الفتح (بمعنى أنه انخفض). إذا كان الجسم الحقيقي أخضر (فارغ) ، كان الإغلاق أعلى من الفتح (بمعنى أنه ارتفع). فوق وتحت الأجسام الحقيقية توجد "الفتائل" المعروفة أيضا باسم "الظلال". Wicks sh + ow الأسعار المرتفعة والمنخفضة لتداول الفترة. لذلك ، بدمج ما نعرفه ، إذا كان الفتيل العلوي (المعروف أيضا باسم الظل العلوي) قريبا من الجسم الحقيقي ، فإن ارتفاع العملة أو الرمز المميز الذي تم الوصول إليه خلال اليوم يكون بالقرب من سعر الإغلاق ، والعكس ينطبق أيضا. ستحتاج إلى فهم قوي لمخططات الشموع اليابانية ، وتعد الخدمات مثل TradingView طريقة رائعة للراحة.

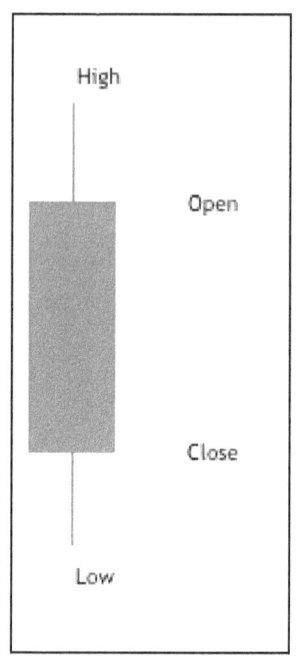

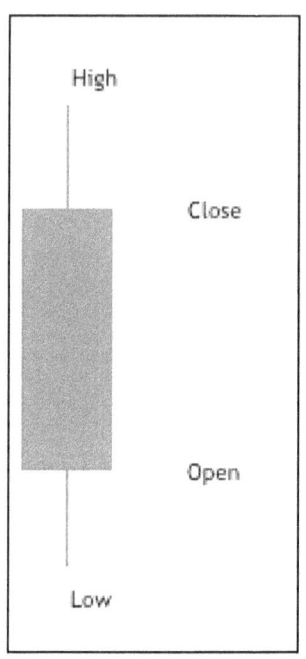

شمغة هبوطية 11: فهجور (tradingview.com)

الشكل 12: شمعة صعودية12 (tradingview.com)

مخطط الشموع اليابانية الشكل 13 (tradingview.com)

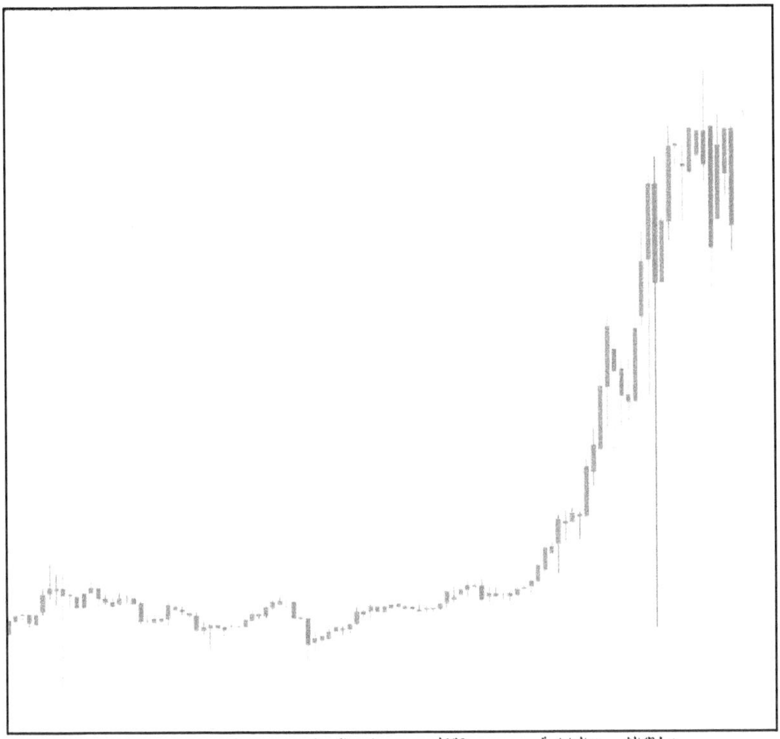

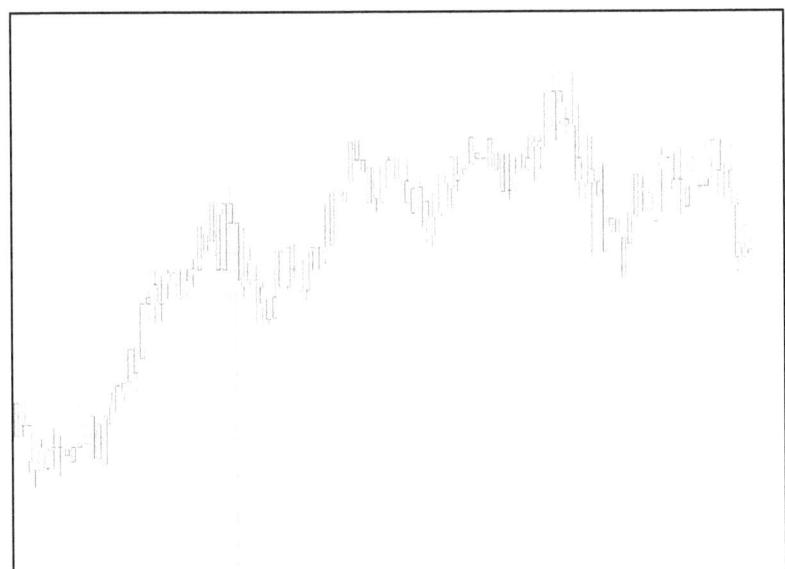

(*tradingview.com*) الشكل 14: مخطط الشموع اليابانية - عرض موسع[14]

مخطط رينكو

تظهر مخططات رينكو حركة السعر فقط وتتجاهل الوقت والحجم. يأتي رينكو من المصطلح الياباني "renga" ، والذي يعني "الطوب". تستخدم مخططات رينكو الطوب (ممثلة كمربعات) ، عادة في نظام ألوان الأحمر / الأخضر أو الأبيض / الأسود. تتشكل مربعات رينكو فقط في الزاوية اليمنى العلوية أو السفلية من مربع المتابعة ، ولا يمكن أن يتشكل المربع التالي إلا إذا تجاوز السعر أعلى أو أسفل المربع السابق. على سبيل المثال ، إذا كان المبلغ المحدد مسبقا هو "1 دولار" (فكر في هذا على أنه مشابه للفترات الزمنية على مخططات الشموع) ، فلا يمكن أن يتشكل المربع التالي إلا بمجرد أن يمر إما 1 دولار أعلى أو 1 دولار أقل من سعر المربع السابق. تعمل هذه الرسوم البيانية على تبسيط الاتجاهات وتنعيمها إلى أنماط سهلة الفهم ، مما يجعل تمييز الدعم والمقاومة أسهل.

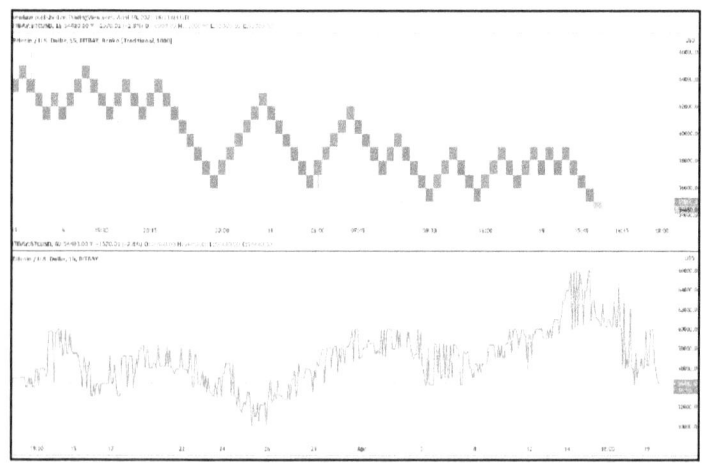

(*tradingview.com*) الشكل 15: مخطط رينكو[15]

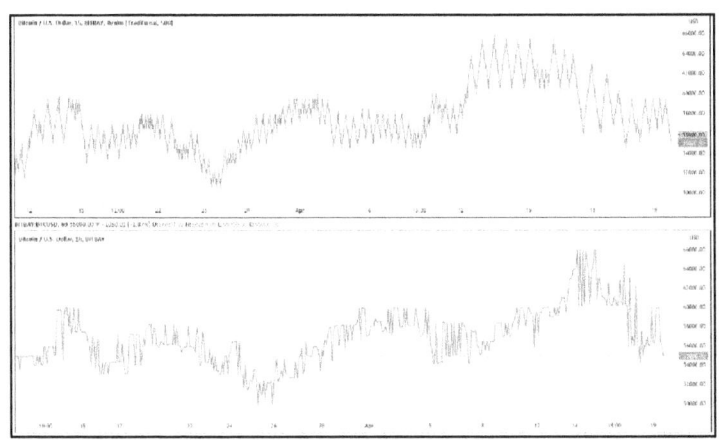

ب: *(tradingview.com)* الشكل 16: مخطط رينكو #2[16]

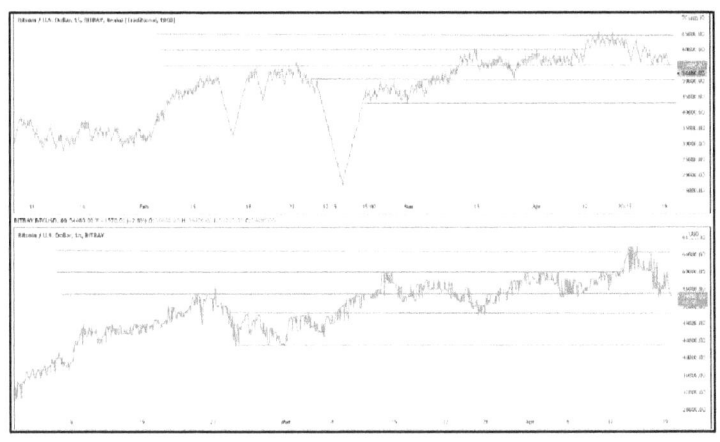

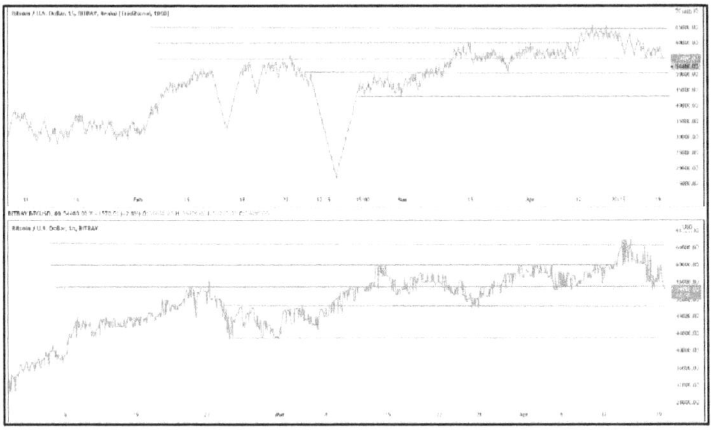

ج: *(tradingview.com)* الشكل 17: مخطط رينكو #3[17]

ج: لقطة مقربة لمخطط رينكو. لاحظ المربعات والأنماط المبسطة.

ب: مخطط رينكو مقارنة بمخطط خطي.

ج: خطوط الدعم والمقاومة المرسومة على مخطط رينكو.

مخطط النقاط والأشكال

في حين أن مخطط النقطة *والشكل* (P &F) ليسا معروفين مثل الآخرين في هذه القائمة ، إلا أنه يتمتع بتاريخ طويل وسمعة كواحد من أبسط المخططات لتحديد نقاط الدخول والخروج الجيدة. مثل مخططات رينكو ، لا تأخذ مخططات P &F في الاعتبار بشكل مباشر مرور الوقت. بدلا من ذلك ، يتم تكديس Xs و Os في أعمدة. يمثل كل حرف حركة سعر مختارة (تماما مثل الكتل في مخططات رينكو). تمثل Xs سعرا صاعدا ، ويمثل نظام التشغيل سعرا هابطا. انظر إلى هذا التسلسل:

X
س س س
س س
X

لنفترض أن حركة السعر المختارة هي 10 دولارات. يجب أن نبدأ من أسفل اليسار: تشير Xs 3 إلى أن السعر ارتفع 30 دولارا ، ويشير نظام التشغيل 2 إلى انخفاض قدره 20 دولارا ، ثم يمثل الاثنان الأخيران ارتفاعا بمقدار 20 دولارا. الوقت غير ذي صلة ، وكما هو الحال في الصورة أدناه ، يتم تخفيف الاتجاهات.

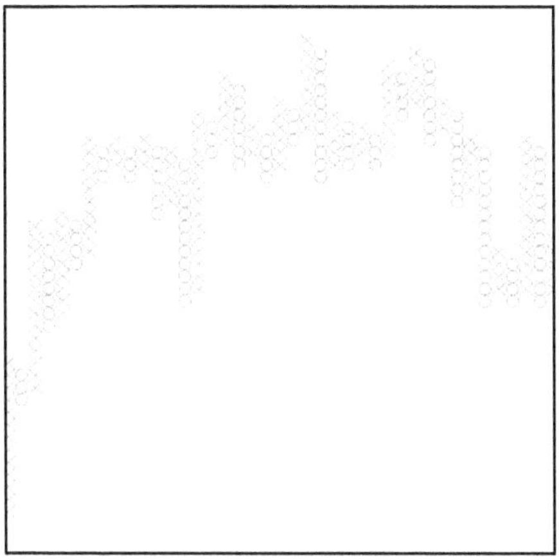

(tradingview.com) الشكل 18: مخطط النقاط

والشكل

هيكين-آشي

مخططات Heikin-Ashi (hike-in-aw-she) هي نسخة أبسط وسلسة من مخططات الشموع. إنها تعمل بنفس الطريقة تقريبا مثل مخططات الشموع اليابانية (الشموع ، الفتائل ، الظلال ، إلخ) ، باستثناء مخططات HA التي تعمل على سلاسة بيانات الأسعار على فترتين بدلا من فترة واحدة. هذا يجعل Heikin-Ashi مفضلا بشكل أساسي للعديد من المتداولين مقابل مخططات الشموع اليابانية لأنه يمكن اكتشاف الأنماط والاتجاهات بسهولة أكبر ويتم حذف الإشارات الخاطئة (التحركات الصغيرة التي لا معنى لها) إلى حد كبير. ومع ذلك ، فإن المظهر الأبسط يحجب بعض البيانات المتعلقة بالشموع ، وهذا جزئيا هو السبب في أن Heikin-Ashis لم يستبدل الشموع بعد. أقترح عليك تجربة كلا النوعين من المخططات لمعرفة ما يناسب أسلوبك وقدرتك على تمييز الاتجاهات.

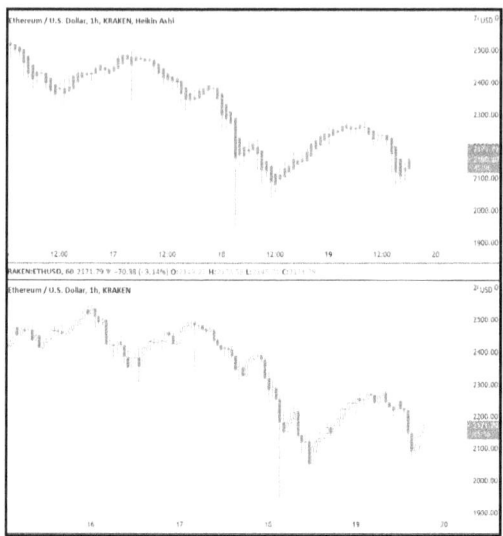

الشكل 19: مخطط Heikin-Ashi[19] *(tradingview.com)*

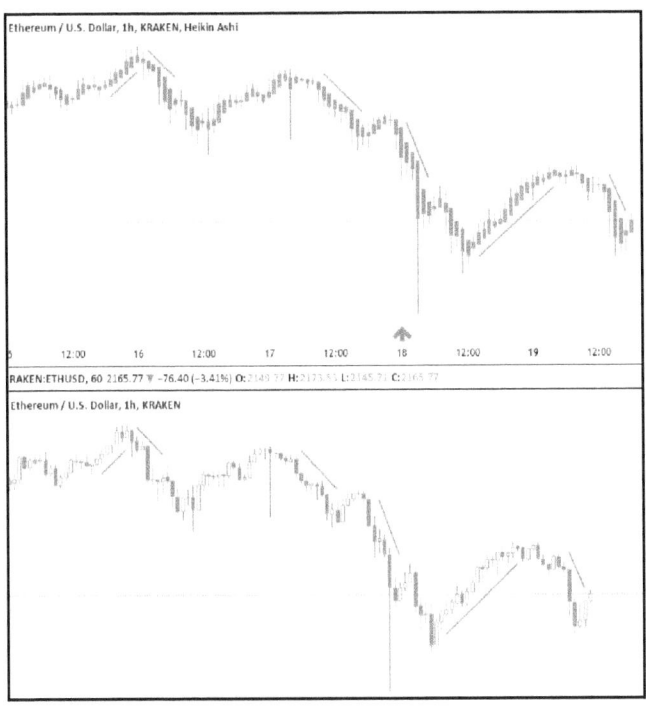

الشكل 20: مخطط Heikin-Ashi #2[20] *(tradingview.com)*

ج: لاحظ أن الاتجاهات على مخطط Heikin-Ashi أكثر سلاسة وأكثر وضوحا من مخطط الشموع السفلي.

ب: لاحظ أن الاتجاهات الصعودية الهامة لها شموع خضراء باستمرار بدون الظل السفلي ، في حين أن الاتجاهات الهبوطية القوية لها شموع حمراء مستمرة بدون الظل العلوي.

موارد الرسم البياني

.. تريدينج فيو

tradingview.com (الأفضل بشكل عام ، الأفضل اجتماعيا)

.. coinmarketcap.com

CoinMarketCap (بسيطة وسهلة)

.. cryptowat.ch CryptoWatch (راسخة جدا ، الأفضل للروبوتات)

.. cryptoview.com CryptoView

(قابل للتخصيص للغاية)

.. gocharting.com GoCharting

(خيارات مجانية جيدة)

.. coinigy.com Coinigy (مجموعة كبيرة من الأزواج والتبادلات)

.. عملة 360

coin360.com (واجهة مستخدم فريدة ، تحقق من هذا!)

.. altrady.com التر ادي (ماسحات ضوئية وأدوات يدوية)

.. كوين تشيك أب

coincheckup.com (بسيط)

تصنيفات أنماط الرسم البياني

يتم تصنيف أنماط الرسم البياني من أجل فهم الدور والغرض بسرعة. فيما يلي بعض هذه التصنيفات:

الصعودي

من المحتمل أن تؤدي جميع الأنماط الصعودية إلى أن تكون النتيجة مواتية للاتجاه الصعودي، لذلك، على سبيل المثال، قد يؤدي النمط الصعودي إلى اتجاه صعودي بنسبة 10%.

الهبوطي

من المحتمل أن تؤدي جميع الأنماط الهبوطية إلى أن تكون النتيجة مواتية للاتجاه الهبوطي، لذلك، على سبيل المثال، قد يؤدي النمط الهبوطي إلى اتجاه هبوطي بنسبة 10%.

قنديل

تنطبق أنماط الشموع اليابانية بشكل خاص على مخططات الشموع اليابانية، وليس على جميع الرسوم البيانية. وذلك لأن أنماط الشموع تعتمد على المعلومات التي لا يمكن أن تظهر إلا في شكل شمعة (الجسم والفتيل).

عدد القضبان / الشموع

عادة لا يزيد عدد القضبان أو الشموع في النمط عن ثلاثة.

استمرار

تشير أنماط الاستمرار إلى أن الاتجاه السابق للنمط من المرجح أن يستمر. لذلك ، على سبيل المثال ، إذا تشكل نمط الاستمرار X في الجزء العلوي من الاتجاه الصعودي ، فمن المرجح أن يستمر الاتجاه الصعودي.

اندلاع

الاختراق هو حركة فوق المقاومة أو أسفل الدعم. تشير أنماط الاختراق إلى أن مثل هذه الخطوة محتملة. اتجاه هذا الاختراق خاص بالنمط.

عكس

الانعكاس هو تغيير في اتجاه السعر. يشير نمط الانعكاس إلى أنه من المحتمل أن يتغير اتجاه السعر ، مما يعني أن الاتجاه الصعودي يصبح اتجاها هبوطيا ، أو يصبح الاتجاه الهبوطي اتجاها صعوديا.

إدارة المخاطر

إلى جانب التصنيفات ، إليك بعض استراتيجيات تداول إدارة المخاطر:

وقف الخسارة

وقف الخسارة هو أداة مفيدة للغاية تمكن من وضع أوامر البيع وتنفيذها بمجرد وصول السعر إلى مستوى معين. وهذا يتيح إدارة المخاطر من خلال التحكم في أقصى خسارة ممكنة (باستثناء الانزلاق السعري). سننظر في هذا الموقف: أنت تضع رهانا محفوفا بالمخاطر على اختراق يزيد عن 40 دولارا. إذا اخترق السعر ، فإن مستوى المقاومة التالي هو 46 دولارا ، وهو ما يمثل مكسبا بنسبة 15٪. في

هذه الحالة ، قد ترغب في وضع أمر وقف الخسارة عند 37 دولارا. إذا وصل السعر إلى 37 دولارا ، بيع مركزك بالكامل على الفور. بشكل أساسي ، هذا يعني أن مخاطر الجانب السلبي تقتصر على 7.5٪ في حين أن هناك فرصة جيدة للاتجاه الصعودي بنسبة 15٪. يمكنك تغيير وقف الخسارة للحد من المخاطر المحتملة الخاصة بك في أي شيء تريده ، سواء كان 5٪ أو 15٪ أو 30٪. تأكد من حساب التقلبات لمنع الإشارات الخاطئة من إطلاق وقف الخسائر.

وقف الخسارة المتحرك

وقف الخسائر المتحرك هو شكل متقدم من وقف الخسائر الذي يتحرك مع السعر. على سبيل المثال ، بالنظر إلى المثال أعلاه مباشرة ، بدلا من وضع وقف الخسارة عند 37 دولارا ، يمكنك وضع وقف الخسارة عند 3 دولارات أقل من سعر السوق. بهذه الطريقة ، سيستمر تنفيذ الأمر عند 37 دولارا ، ولكن إذا تحرك السعر إلى 43 دولارا ، تنفيذ الأمر عند 40 دولارا. وبالتالي ، فإن المخاطر محدودة بغض النظر عن السعر. يمكن تعيين وقف الخسائر المتحرك كمبالغ ثابتة بالدولار أو كنسب مئوية. يجب عليك أيضا اختيار الدرجة التي سيتتبع بها الأمر السعر (بمعنى ، إذا تم تنفيذ وقف الخسارة إذا كان السعر أقل ب 3 دولارات من إغلاق اليوم السابق ، وإغلاق الساعة السابقة ، وما إلى ذلك.

التداول الطويل مقابل التداول القصير

سيتم استخدام المصطلحين "صفقة شراء" و "صفقة بيع" في هذا القسم. يتم استخدام "طويل" و "شراء" بالتبادل ؛ على سبيل المثال ، يمكنك إنشاء مركز طويل ، مما يعني أنك اشتريت عملات معدنية ، أو قد تكون "طويلا على Bitcoin" ، مما يعني أنك اشتريت عملات البيتكوين واحتفظت بها. يشير مصطلح "قصير" إلى بيع أحد الأصول على المكشوف ، وهو المراهنة على

انخفاض السعر. البيع على المكشوف أكثر خطورة وأقل شعبية بكثير من شراء وامتلاك الأسهم. لا تسمح العديد من البورصات المركزية الشهيرة في الولايات المتحدة وحول العالم بالبيع على المكشوف ، وبالتالي فإن الشراء الطويل ينطبق عليك فقط. ومع ذلك ، من أجل الوضوح الكامل ولأولئك الذين يستخدمون البورصات في جميع أنحاء العالم التي تقبل البيع على المكشوف (من المرجح أن تصبح خدمات البيع على المكشوف أكثر شيوعا مع نمو الصناعة) ، فقد قمت بتضمين البيع على المكشوف في أوصاف أنماط الرسم البياني ومؤشرات التذبذب والمؤشرات وطوال بقية هذا الكتاب.

أنماط الرسم البياني

قبل الانتقال إلى التكوينات الخاصة بالشموع ، يجب النظر إلى حوالي عشرة أنماط أساسية للمخططات. هذه هي الأشكال العامة التي تم تشكيلها داخل الرسوم البيانية (سواء كانت خطية أو شمعدان أو غيرها) والتي يمكن أن تؤثر وتتنبأ بحركة السعر المستقبلية. عادة ما يمكن تمييزها جميعا على إطار زمني أوسع ، على عكس الفترة الزمنية قصيرة المدى لمعظم تشكيلات الشموع. يتم تضمين أهم هذه الأنماط وأكثرها شيوعا في قسم الأساسيات في نهاية هذا الفصل. ومع ذلك ، لا تقلل من شأن أي منها ، وأوصي بقراءة كل منها بعناية ، حيث تشكل أساس حركة الرسم البياني.

- المثلثات
  - متناظره
  - تصاعدي
  - تنازلي
- قناة السعر
- تقريب القاع

كوب ومقبض ..
بينانت ..
علم ..
المستطيلات ..
اسفين ..
الرأس والكتفين ..
قاع مزدوج / قمة مزدوجة ..
قاع ثلاثي / قمة ثلاثية ..
عثرة وتشغيل ..

المثلثات

أنماط المثلث هي التكوينات الأكثر شهرة ، كونها مرادفة عمليا للمعرفة الشعبية للتحليل الفني. توجد ثلاث فئات فرعية من تشكيلات المثلث ، وكلها أنماط استمرار. تشير أنماط الاستمرار إلى أنه من المرجح أن يستمر الاتجاه في الاتجاه الذي يسير فيه حاليا. أنماط المثلث شائعة نسبيا عبر مخططات التشفير ، وإذا تم تداولها بشكل صحيح ، فهي بمثابة مؤشرات موثوقة إلى حد ما. التالي هو نظرة على كل نمط مثلث ، جنبا إلى جنب مع أمثلة حقيقية.

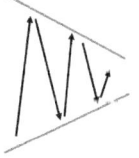

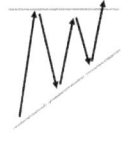

Symmetrical Triangle
Ascending Triangle
Descending Triangle

5

مثلث تصاعدي

المثلثات الصاعدة هي أنماط استمرار تشكل خط اتجاه علوي أفقي وخط اتجاه سفلي صاعد قطريا. عادة ، سيحدث اختراق صعودي بالقرب من طرف المثلث (في الحقيقة ، سيحدث بمجرد أن يتضاءل نطاق التداول بدرجة كافية لدعم المشتري للتعافي ودفع المقاومة ، والتي عادة ما تكون قريبة من الحافة). ثم يصبح خط الاتجاه العلوي (المقاومة) خط الدعم الجديد. وبالتالي ، فإن التجارة قصيرة الأجل للمثلث الصاعد الصعودي تتضمن شراء أمر شراء بمجرد إغلاق شريطين فوق خط الاختراق (لحذف الإشارات الخاطئة) ووضع أمر وقف الخسارة عند خط الاختراق أو تحته مباشرة.

الشكل 21: مثلث تصاعدي (tradingview.com)

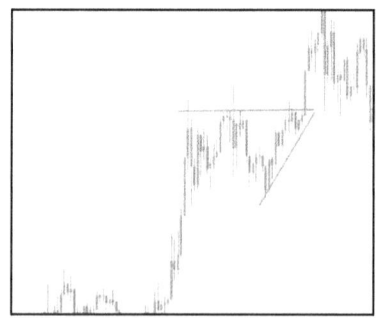

الشكل 22: المثلث الصاعد # 222 (tradingview.com)

مثلث تنازلي

المثلثات الهابطة هي عكس المثلثات الصاعدة: فهي تتكون من خط اتجاه أفقي سفلي وخط اتجاه علوي يغرق قطريا (بمعنى أن القاع يظل منخفضا ، والقمة تنخفض). المثلث الهابط هو نمط استمرار هبوطي ، مما يعني أنه من المرجح أن يتجه السعر نحو الاتجاه الهبوطي مع انخفاض نطاق التداول. تتضمن الصفقة البسيطة التي تتضمن مثلثا هبوطيا البيع على المكشوف بمجرد إغلاق شريطين تحت خط الاتجاه السفلي ووضع أمر وقف الخسارة عند خط الاختراق أو فوقه مباشرة.

الشكل 23 مثلث تنازلي (tradingview.com)

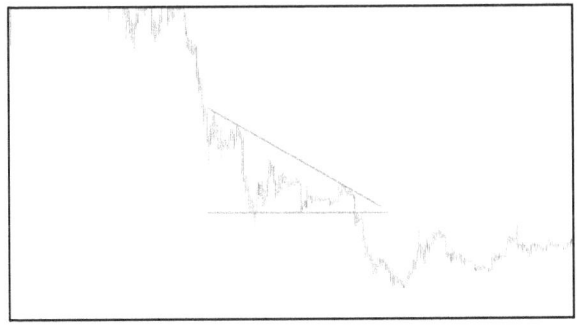

الشكل 24: المثلث الهابط # 224 (tradingview.com)

مثلث متماثل

في حين أن كلا من المثلثين الصاعدين والهابطين لهما اتجاه (لأعلى أو لأسفل) ويشيران إلى حركة اتجاهية (أيضا لأعلى أو لأسفل) ، فإن المثلثات المتماثلة ليس لها أي منهما. تمثل المثلثات المتماثلة قوة صعودية وهبوطية شبه متساوية وتتداول ضمن نطاق سعري متراجع (بشكل أساسي ، قمم منخفضة وقيعان أعلى). في النهاية ، ينخفض النطاق السعري إلى نقطة (بالقرب من طرف المثلث) من المحتمل أن يحدث عندها اختراق. يمكن أن يكون الاختراق إيجابيا أو سلبيا. من الصعب التداول على مثلثات متناظرة حيث لا يمكن افتراض الاتجاه ، لذا فإن أفضل مسار للعمل هو وضع أمر في أقرب وقت ممكن بعد حدوث الاختراق وتأكيده ـ مركز طويل إذا كان الاختراق إيجابيا ، أو مركز بيع إذا كان الاختراق سلبيا. يمكن بعد ذلك وضع أمر وقف الخسارة ، على التوالي ، عند خط الاتجاه العلوي أو خط الاتجاه السفلي للمثلث. للتخلص من الإشارات الخاطئة (تسمى "مزيفات الرأس" في هذه الحالة) ، يجب أن تراقب ارتفاعا في الحجم وبعض الإغلاقات خارج خط الاتجاه قبل تقديم الطلب. بعد كل ما قيل ، تميل المثلثات المتماثلة إلى الاختراق في اتجاه التشكيل المسبق للحركة. إنه ليس بأي حال من الأحوال شيئا يمكن افتراضه أو المتاجرة به ، بل هو شيء يجب مراعاته بالنظر إلى الإستراتيجية الموضحة أعلاه.

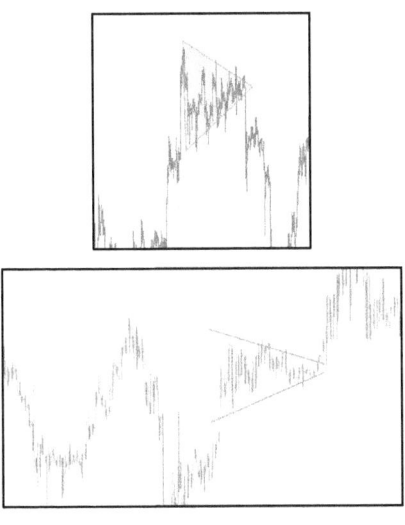

الشكل 25: مثلث متماثل25 (tradingview.com)
الشكل 26: مثلث متماثل # 226 (tradingview.com)

قناة السعر

قناة السعر (يشار إليها بشكل أقل شيوعا باسم قناة التداول) هي تشكيل تأسيسي يتكون من زوج من خطوط الاتجاه المتوازية التي تتقدم في أي اتجاه.[3] في كثير من الأحيان ، تشكل قنوات الأسعار مستويات الدعم والمقاومة ؛ وبالتالي ، تميل الأسعار إلى التأرجح بين هذه الخطوط. إذا تم اختراق خطوط الاتجاه ، سواء أعلى أو أسفل ، فإن النتيجة هي الاختراق. تتضمن العديد من الأنماط في هذا الفصل قنوات الأسعار بشكل ما وتحاول التنبؤ بالاختراقات ، جزئيا ، من خلالها.

---

[3] تشكل الاتجاهات المختلفة إما قنوات سعر تنازلية أو قنوات أسعار صاعدة أو قنوات أسعار محايدة (أفقية).

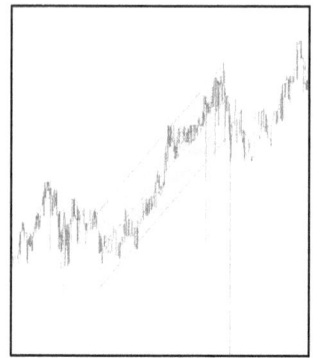

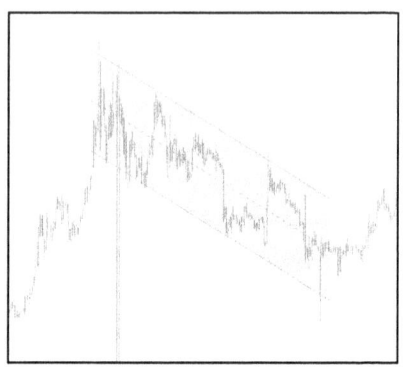

الشكل 27: قناة السعر27 *(tradingview.com)*
الشكل 28: قناة السعر28 *(tradingview.com)*

تقريب القاع

قيعان التقريب هي "كوب" الكأس وتشكيل المقبض ، كما هو موضح أدناه مباشرة. تم العثور على قيعان مستديرة (تعرف أيضا باسم قيعان الصحن) تتبع الاتجاهات الصعودية ، وتشكل شكل "U" ، وتشير إلى انعكاس طويل المدى. قد يستغرق هذا النمط أسابيع أو شهورا حتى يتشكل. يشير إلى أن ضغط البيع دفع السعر إلى الأسفل وأدى انخفاض السعر اللاحق إلى تدفق المشترين وقاعدة صلبة ، مما أدى إلى قيام هؤلاء المشترين بدفع السعر للأعلى مرة أخرى. يعد الكوب والمقبض تباينا شائعا لهذا النمط ، والذي يعرف بأنه أكثر موثوقية من قاع التقريب نظرا لافتقاره النسبي إلى إشارات خاطئة.

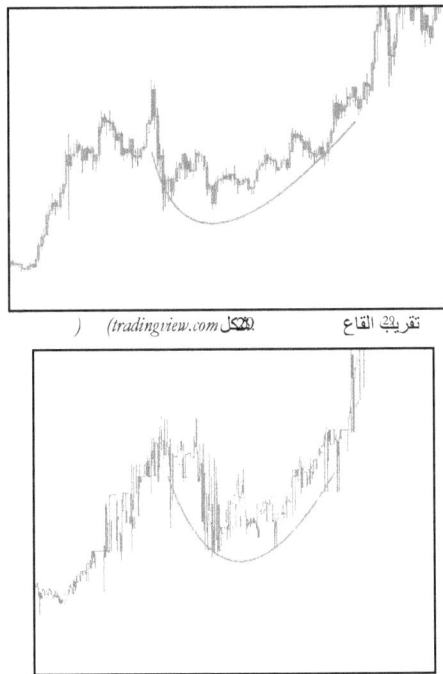

تقريب 29 القاع الشكل 229. *(tradingview.com)*

الشكل 30: تقريب القاع # 230 *(tradingview.com)*

كوب ومقبض

الكأس والمقبض هو نمط استمرار صعودي حدده ويليام أونيل في عام 1988. يشكل النمط شكل U مستدير ومقبض يتجه إلى الأسفل قليلا. توفر الأكواب ذات القيعان الأكثر تدرجا على شكل حرف U إشارات أفضل مقارنة بالقيعان المميزة على شكل حرف "V". تتشكل المقابض فوق نقطة منتصف الأكواب، ويجب ألا تكون الأكواب أو المقابض عميقة للغاية. من الناحية النظرية، يشير تشكيل الكأس والمقبض إلى أن السعر قد اختبر قمة، وبالتالي تكبد ضغوط بيع وتوحيد السعر مرة أخرى لأسفل قبل إعادة اختبار القمة، والتراجع لفترة وجيزة، ثم كسر المقاومة والتحرك صعودا. يتم تحديد أنماط الأكواب والمقبض بشكل عام مع فترة زمنية أوسع (عادة في نطاق سبعة أسابيع حتى خمسة وستين أسبوعا) وتشير إلى تحركات الأسعار على المدى الطويل، والتي قد تحدث على مدار أشهر أو سنوات. يقدر بعض المتداولين جوهر الاختراق عن طريق قياس الزيادة من أسفل الكوب إلى أعلى يمين الكوب وإضافة تلك النسبة المئوية إلى نهاية قناة السعر. في حين أن هذه القاعدة يمكن أن تكون بمثابة تقدير عام، إلا أنها ليست دقيقة بالتأكيد. مع استقرار صناعة التشفير في نفسها، من المرجح أن تصبح أنماط الأكواب والمقابض أكثر شيوعا. لاحظ المنحدر المتغير للأكواب والاختلاف في طول المقابض في كلتا الصورتين.

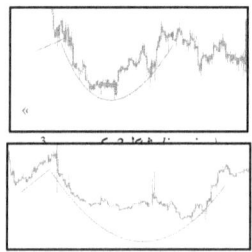

الشكل 32: الكوب والمقبض # (tradingview.com)

بينانت

الراية هي نمط استمرار يظهر بعد قفزة إيجابية أو سلبية كبيرة. يتماسك تشكيل الراية بعد القفزة ويستمر عادة في نفس الاتجاه. تختلف الشعارات فقط عن المثلثات المتماثلة من خلال سارية العلم ، وهو الاتجاه الصعودي السريع أو الاتجاه الهبوطي. بصرف النظر عن سارية العلم ، فإن النمط هو مجرد مثلث متماثل ويجب التعامل معه على هذا النحو ، باستثناء أنه من المرجح جدا أن يستمر الاختراق في الاتجاه الأولي. للتداول على الرايات ، ما عليك سوى اتباع قواعد مثلث الشراء بعد الاختراق الإيجابي المؤكد أو البيع على المكشوف بعد الاختراق السلبي المؤكد (وبالطبع لا تنس وقف الخسائر).

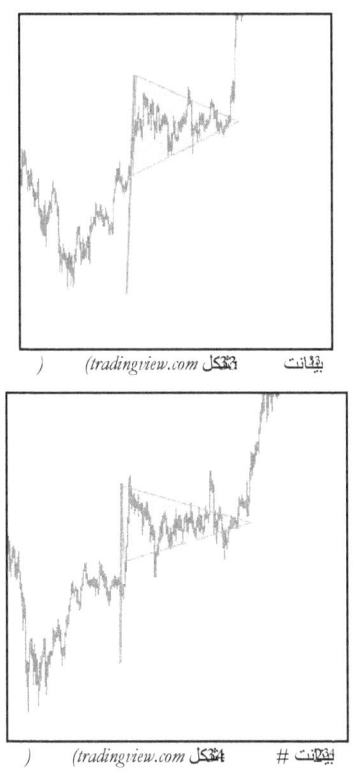

تشكل بينانت (tradingview.com)

تشكل # بينانت (tradingview.com)

علم

نمط العلم مشابه جدا لنمط الراية ، باستثناء أن الرايات تشكل مثلثا بعد سارية العلم ، بينما تشكل الأعلام خطين متوازيين.[4] تنطبق معظم قواعد الراية على الأعلام ؛ يمثل التكوين استمرارا محتملا للاتجاهات السابقة ويمكن تداوله وفقا لذلك.

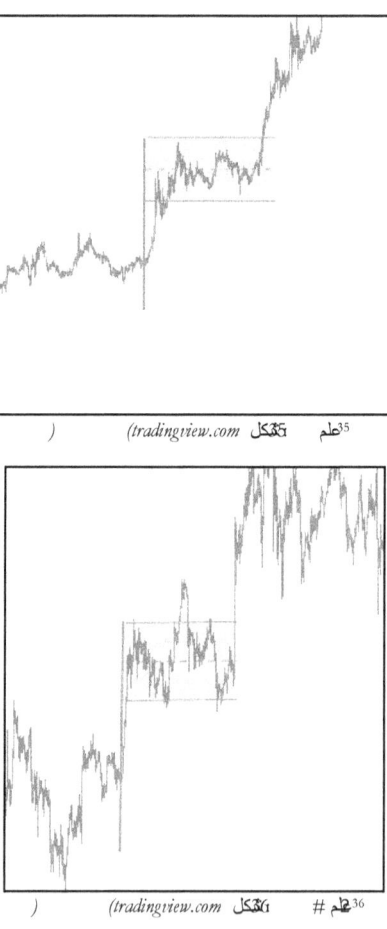

شكل 35علم (tradingview.com)

شكل 36علم # (tradingview.com)

___

[4] 7 سيكون الاختلاف الصحيح هو "خطوط الاتجاه المتقاربة مقابل خطوط الاتجاه المتوازية".

المستطيلات

تساعد أنماط المستطيل مشاهدي الرسم البياني على تحديد مستويات الدعم والمقاومة (إنها مجرد قناة سعر أفقية). هذا مفيد في تمييز الأنماط الأخرى وفي تحديد أسعار الدخول / الخروج الجيدة.

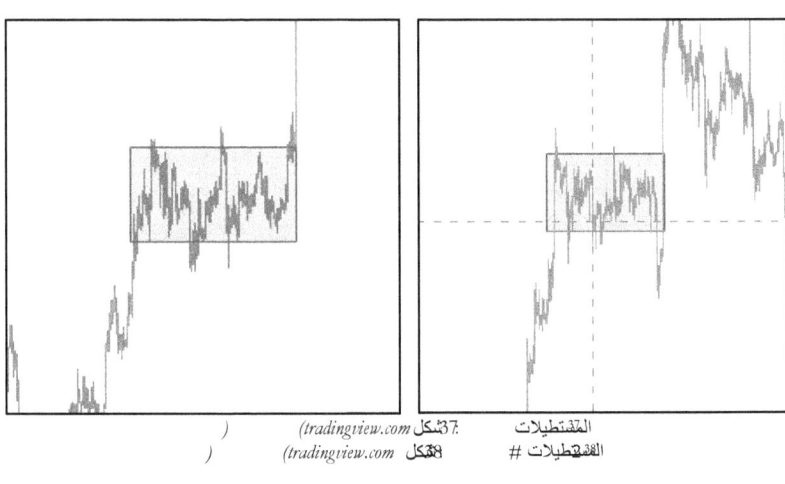

الشكل 37: المستطيلات (tradingview.com)
الشكل 38: المستطيلات # (tradingview.com)

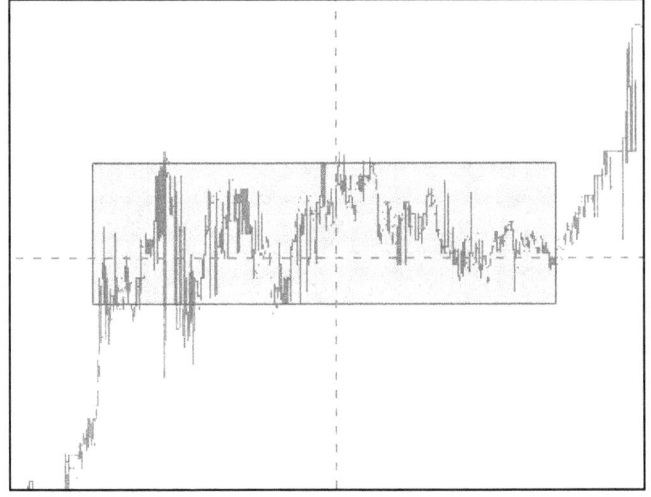

الشكل 39: المستطيلات # 339 (tradingview.com)

اسفين

يمكن أن تكون أنماط الوتد إما إسفين هابطة أو إسفين صاعد. تقترن الأوتاد الهابطة بنطاق سعري متقلص مع اتجاه هبوطي ، بينما تجمع الأوتاد الصاعدة بين النطاق السعري المتقلص والاتجاه الصعودي. تشير الأوتاد الهابطة إلى اختراق سلبي محتمل بينما تشير الشرائح الصاعدة إلى اختراق إيجابي. بينما أظهرت الأبحاث أن كلا المؤشرين دقيقان إلى حد ما ، يعتقد أن الإسفين الهابط أكثر موثوقية من الوتد الصاعد.

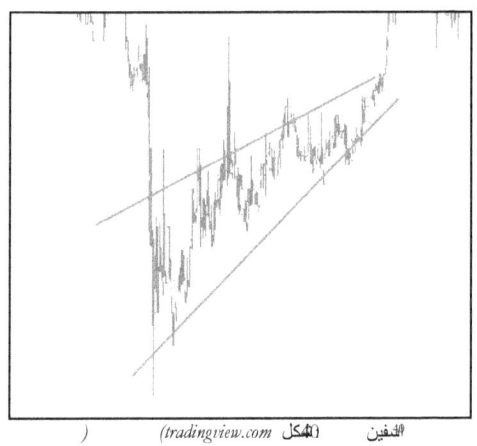

الإسفين الشكل 40 (tradingview.com)

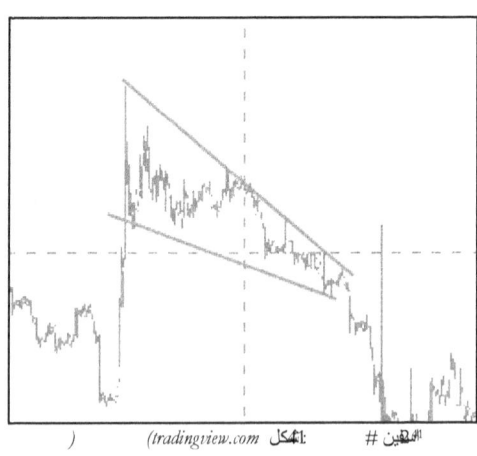

الإسفين # 2 الشكل 41: (tradingview.com)

الرأس والكتفين

أنماط الرأس والكتف شائعة مثل أنماط الرسم البياني التي يمكن أن تحصل عليها. تتمتع هذه التكوينات بسمعة طيبة في الموثوقية وتتنبأ بالانعكاسات الهبوطية. إنها تنطوي على سعر أساسي وثلاث قمم ، واحدة منها [الرأس] محصورة بين الاثنين الآخرين [الكتفين]. من حيث المفهوم ، يمثل هذا سعرا صعوديا يتجه إلى الذروة ، ويتراجع ، ويتسارع إلى قمة جديدة ، ويتراجع مرة أخرى ، ويرتفع إلى قمة ثالثة قبل أن يستسلم أخيرا للمقاومة ويتراجع إلى ما دون سعر "خط العنق" (الذي يتكون من قيعان القممتين الأولى والثالثة) أو للدعم أسفل أي من الكتفين. هذا يكمل الانعكاس. غالبا ما يتم تداول أنماط الرأس والكتف من خلال إدخال في الجزء الأيسر من خط العنق ووقف الخسارة أعلى (أو أسفل) السعر المقدر للكتف الأيمن. ومع ذلك ، في حين أن النمط معروف بأنه موثوق به (وجد أنه صحيح حوالي 85٪ من الوقت) ، إلا أنه ليس قاعدة ذهبية. كما قلت سابقا ، الاستثناءات ضرورية لإثبات قاعدة.

الرأس والكتفين شكل

عكس الرأس والكتفين

نمط الرأس والكتف العكسي هو النقيض الصاعد لتشكيل الرأس والكتف. يشار إليه أيضا باسم "أسفل الرأس والكتفين" ويتكون من كتف سفلي ، ورأس سفلي ، وكتف ثان لاحق ، ثم اختراق إيجابي فوق خط العنق. غالبا ما يتحول خط العنق من المقاومة إلى الدعم. للتداول بناء على هذا التكوين ، يدخل المستثمرون بمجرد كسر سعر خط العنق (إما بعد ذلك مباشرة أو ، لمنع الإشارات الخاطئة ، بمجرد إغلاق السعر) ويبيعون بمجرد ارتفاع السعر ويجد مقاومة جديدة.

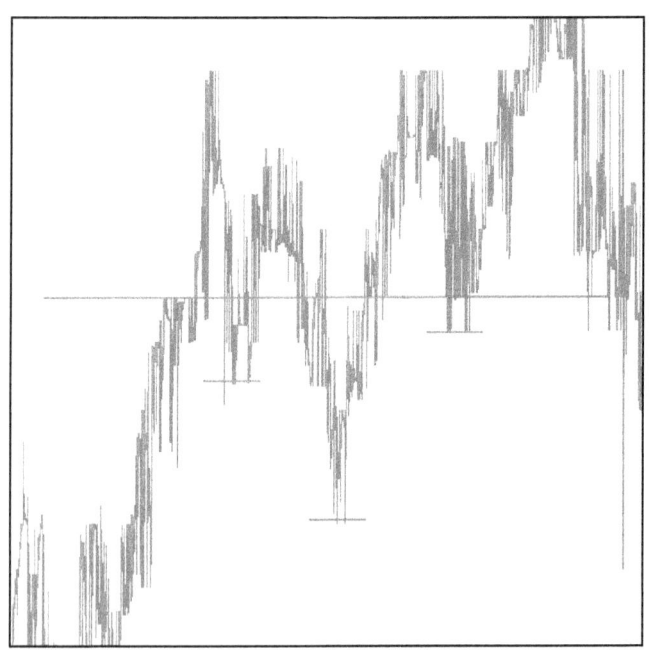

الشكل 43: الرأس والكتفين معكوسين43 (tradingview.com)

قاع مزدوج / قمة مزدوجة

القيعان المزدوجة والقمم المزدوجة هي أنماط الرسوم البيانية الأكثر شيوعا. تبدو القمم المزدوجة مثل "M" ، بينما تبدو القيعان المزدوجة مثل "W". في كل منها ، يتم الوصول إلى السعر ، وانخفض بعيدا (إما إيجابيا أو سلبا) ، وتم الوصول إليه

مرة أخرى. غالبا ما تشير القمم المزدوجة إلى انعكاس هبوطي ، بينما يمكن أن تشير القيعان المزدوجة إلى انعكاسات صعودية. عند تحديد هذه الأنماط ، تأكد من تفسيرها بعناية وكن حذرا من الإشارات الخاطئة والأنماط المتشابهة المظهر التي ليست في الواقع قيعان مزدوجة أو قمم مزدوجة.

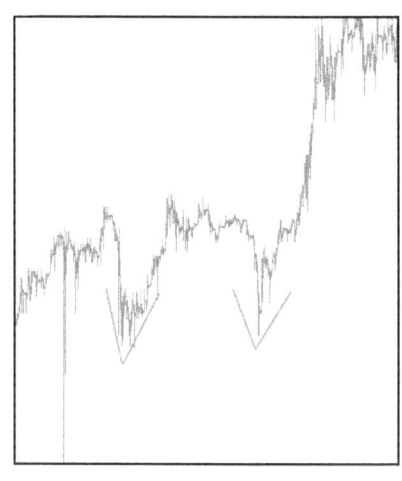 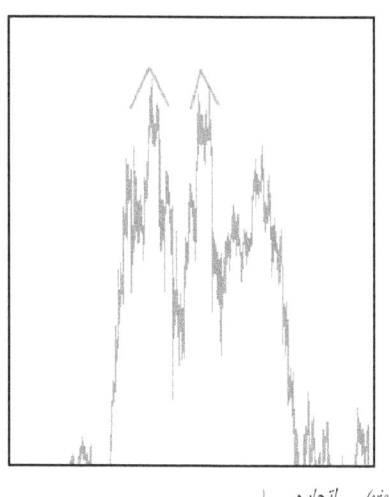

قمة مزدوجة   شكل ٤ لتجاره (view.com)
قاع مزدوج   شكل ٥ (tradingview.com)

80

قاع ثلاثي / قمة ثلاثية

القمة الثلاثية والقاع الثلاثي هما التطور التالي للقمم المزدوجة والقيعان المزدوجة. إنها تنطوي على سعر مماثل يتم ضربه ثلاث مرات ويرتد (إما بشكل إيجابي أو سلبي). تتكون القمم الثلاثية من ثلاث قمم وتراجعات بينهما ، بينما تتكون القيعان الثلاثية من ثلاثة قيعان مع اتجاهات صعودية بينهما. تعتبر القمم الثلاثية والقيعان الثلاثية أكثر موثوقية من القاع المزدوج والقيعان المزدوجة لابن العم. تشير القمم الثلاثية إلى انعكاسات هبوطية ، بينما تشير القيعان الثلاثية إلى انعكاسات صعودية. يمكن للمتداولين الدخول في صفقات بيع بمجرد رفض اختراق الذروة الثالثة (للقمم الثلاثية) والمراكز الطويلة بمجرد رفض اختراق القاع الثالث السلبي (القيعان الثلاثية).

تريبل توب46 الشكل 46 (tradingview.com)

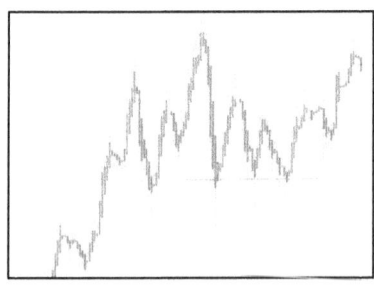

الشكل 47: القاع الثلاثي47 *(tradingview.com)*

عثرة وتشغيل

تشير أنماط الارتطام والركض إلى انعكاسات قوية ، عادة ما تكون لاحقة لزيادة مفرطة في الأسعار بشكل أساسي. يتكون التكوين من ثلاث مراحل: الرصاص ، والنتوء ، والتمديد. تستمر المقدمة بشكل عام إما أسابيع أو أشهر وتتضمن اتجاها صعوديا ثابتا. الزاوية من 30 إلى 45 درجة هي الأفضل (يمكن العثور على أدوات قياس الدرجة في معظم خدمات الرسوم البيانية). تؤدي مرحلة النتوء إلى تقدم سريع وحاد في السعر. في النهاية ، سوف تتشكل قمة. ثم يتدحرج السعر إلى انخفاض يحول مستويات الدعم السابقة إلى مستويات مقاومة.

(tradingview.com) الشكل 48: عثرة وتشغيل48

الجمع بين المعرفة

لاختبار جميع الأنماط التي حددناها ، قمت بسحب مخطط Bitcoin (BTC) عشوائي ورسمت بعض الأنماط. قنوات الأسعار ، الدعم والمقاومة ، القيعان المستديرة ، المثلثات ، المستطيلات ، وما إلى ذلك (لاحظ أيضا أن الدعم

والمقاومة غالبا ما يتطابقان مع فترات لطيفة ومستديرة و 10 آلاف). أقترح أن تفعل الشيء نفسه مع عملة من اختيارك. هذا يختتم أنماط الرسم البياني الأساسية ، وسننتقل الآن إلى بعض تشكيلات الشموع المحددة.

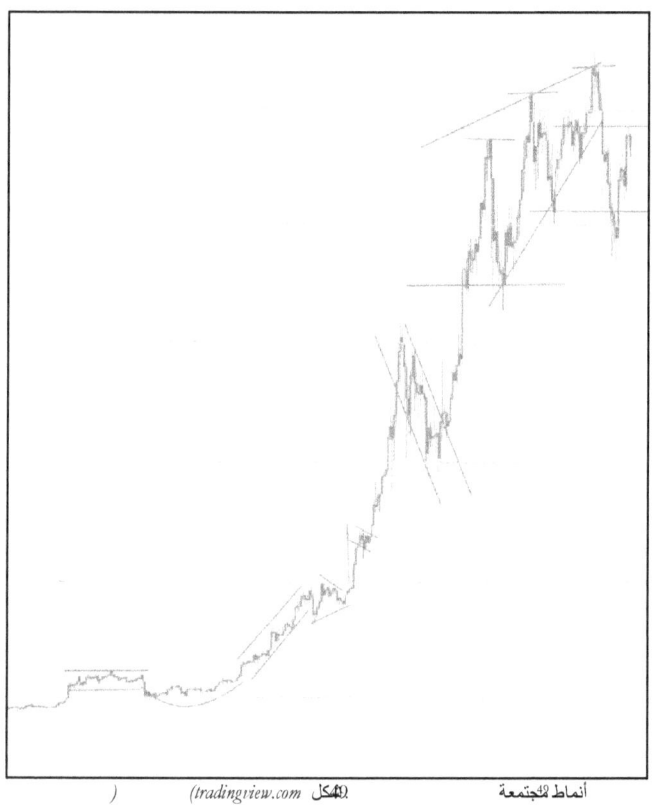

أنماط مجتمعة 42 الشكل 40. (tradingview.com)

أنماط الشموع

50 من أنماط الشموع الأكثر شعبية ودقة.

مخطط:

- مطرقة
- مطرقة معكوسة
- الرجل المعلق
- الابتلاع الصاعد
- الابتلاع الهابط
- خط ثقب
- ملقط القاع
- ملقط توب
- نجمة الصباح
- نجمة المساء
- ثلاثة جنود بيض
- ثلاثة غربان سوداء
- الفجوة الصعودية اثنين من الغربان
- شهاب ستار
- الغطاء السحابي الداكن
- دوجي
- ماروبوزو
- الحرامي
- الصليب الحرامي
- الغزل الأعلى
- ارتفاع ثلاث طرق

السقوط ثلاث طرق	..
طفل مهجور	..
الاتجاه الصعودي تاسوكي جاب	..
الجانب السلبي تاسوكي جاب	..
خط ثقب	..
ستيك ساندويتش	..
ثلاثة خطوط ستر ايك	..
اثنين من الفجوة السوداء	..

مطرقة

المطرقة هي نمط شمعة واحدة يتضمن جسما قصيرا به فتيل سفلي طويل (وفتيل علوي قليل أو معدوم) موجود في الجزء السفلي من الاتجاه الهبوطي. تشير هذه العلامة إلى أن ضغط الشراء القوي منع السعر من الانخفاض أكثر ومن المرجح أن يدفع السعر للأعلى مرة أخرى.

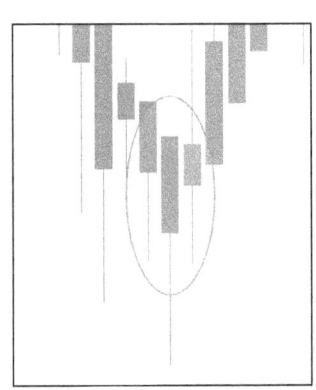 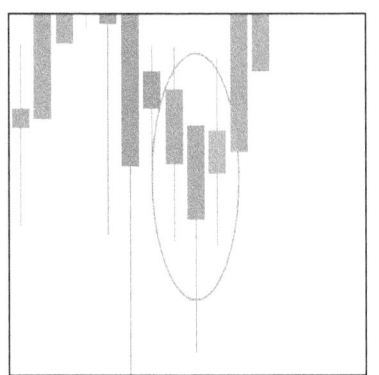

الشكل 50: المطرقة 50 *(tradingview.com)*
الشكل 51: المطرقة 51 *(tradingview.com)*

مطرقة معكوسة

المطرقة العكسية ، مثل المطرقة ، لها جسم قصير في أسفل الاتجاه الهبوطي. ومع ذلك ، على عكس المطرقة ، تحتوي المطارق العكسية على فتيل علوي طويل وفتيل سفلي قصير. هذه لا تزال علامة صعودية. مكافئ المطرقة الهابطة أدناه مباشرة.

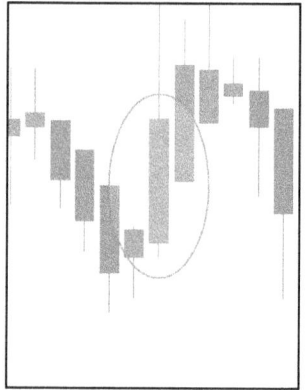 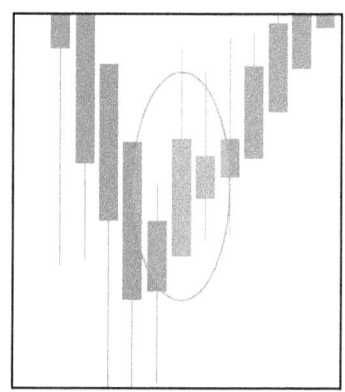

الشكل 52: المطرقة العكسية 52 *(tradingview.com)*
الشكل 53: المطرقة العكسية # 253 *(tradingview.com)*

الرجل المعلق

الرجل المعلق هو المكافئ الهابط للمطرقة. يتشكل في نهاية الاتجاه الصعودي ، ويظهر كجسم أحمر قصير مع فتيل سفلي طويل ، ويدل على اتجاه هبوطي.

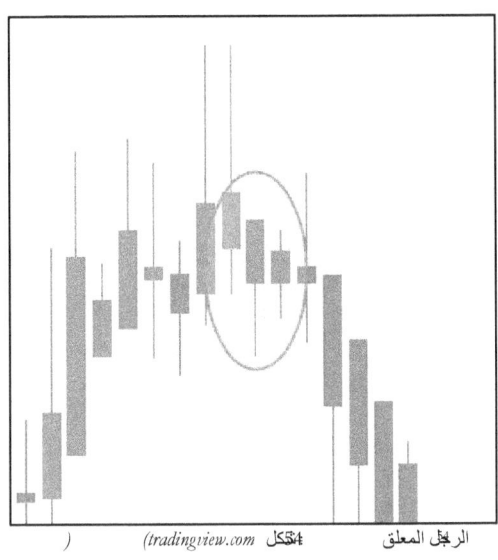

الشكل 54: الرجل المعلق (tradingview.com)

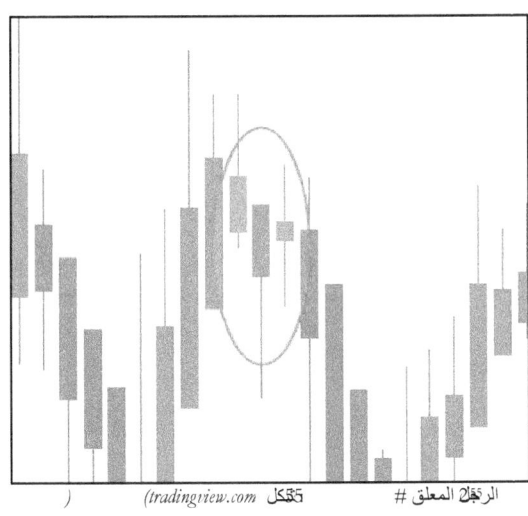

الشكل 55: الرجل المعلق #2 (tradingview.com)

ابتلاع صعودي

نمط الابتلاع الصاعد هو نمط صعودي من شمعتين يتضمن شمعة حمراء تليها شمعة خضراء تغطي الشمعة الأولى بالكامل (من حيث الجسم وليس الفتيل). يشير هذا النمط إلى انعكاس إيجابي ويحدث في كثير من الأحيان أقل مما يعتقد.

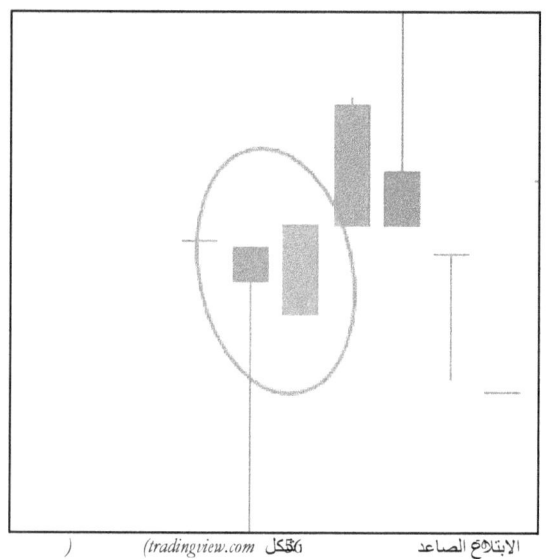

الابتلاع الصاعد الشكل 56 (tradingview.com)

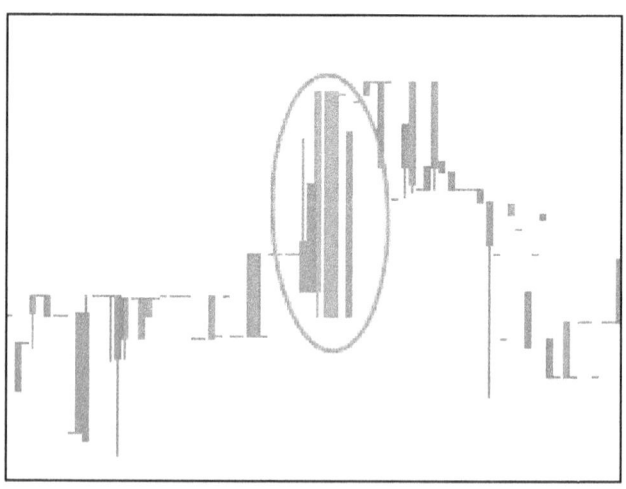

(tradingview.com) الشكل 57: الابتلاع الصاعد # 257

ابتلاع هبوطي

نمط الابتلاع الهبوطي هو نمط انعكاس غير شائع من شمعتين يتضمن جسما أخضر صغيرا يبتلعه جسم أحمر طويل لاحق. يشير إلى انعكاس سلبي قادم ؛ كلما انخفضت الشمعة الثانية ، من المرجح أن يكون الاتجاه الهبوطي أقوى.

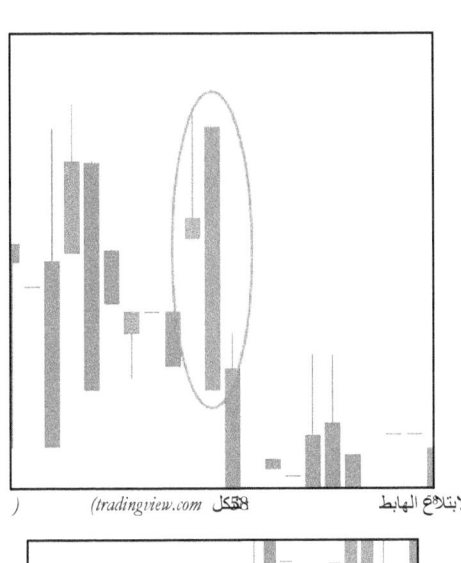

الابتلاع الهابط الشكل 58 (tradingview.com)

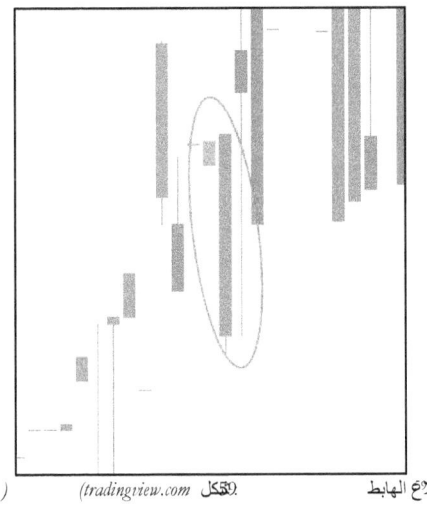

الابتلاع الهابط الشكل 59 (tradingview.com)

90

خط ثقب

خط الثقب (ويسمى أيضا نمط الثقب) هو نمط ذو شمعتين يتبع عادة انخفاض السعر. يتضمن شمعة حمراء طويلة مع فتائل صغيرة أو بدون فتائل تليها شمعة خضراء طويلة تغلق فوق نقطة منتصف الشمعة الأولى يشير هذا إلى ضغط شراء شديد وانعكاس إيجابي محتمل.

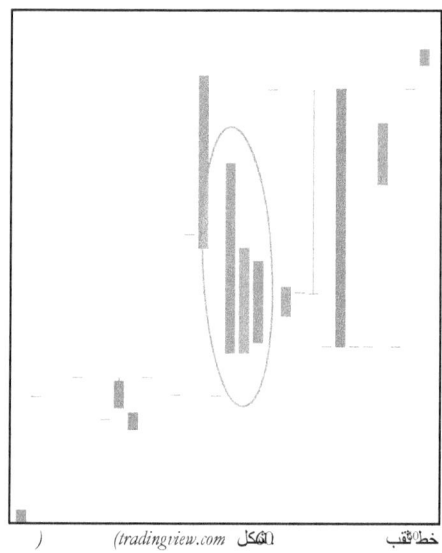

خط ثقب الشكل 0 (tradingview.com)

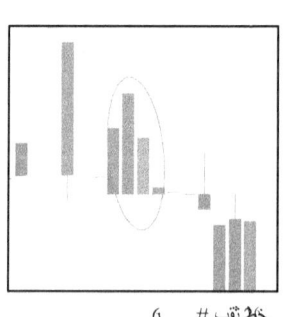

خط ثقب # 2 6

أسفل الملقط

قاع الملقط هو مؤشر انعكاس صعودي مكون من شمعتين يتكون من شمعتين متتاليتين ، واحدة حمراء وأخرى خضراء ، والثانية تعيد تثبيت القاع السابق وتغلق أعلى. يشير هذا إلى أنه من غير المرجح أن يتحرك السعر هبوطيا وقد يكون في اتجاه صعودي.

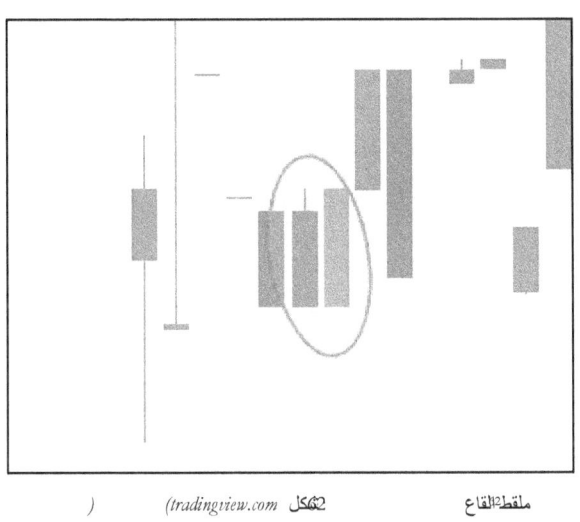

ملقط القاع   شكل2 (tradingview.com)

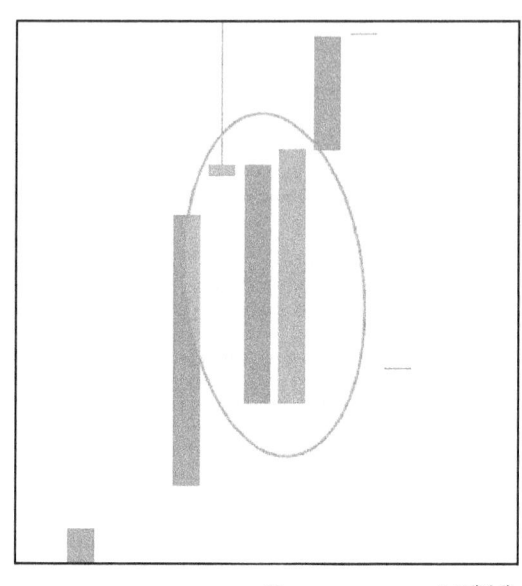

ملقط القاع # 63

ملقط أعلى

الجزء العلوي من الملقط هو العكس الهبوطي لقاع الملقط. يتضمن شمعتين تختبران ارتفاعا وإغلاقا منخفضا ، يشار إليهما بقمم مطابقة. هذا يعني أنه من غير المرجح أن يتحرك السعر صعودا وقد يتجه هبوطيا.

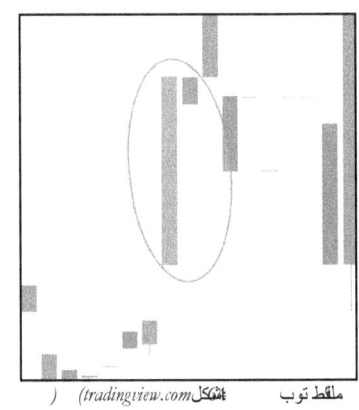

ملقط توب الشكل 64 (tradingview.com)

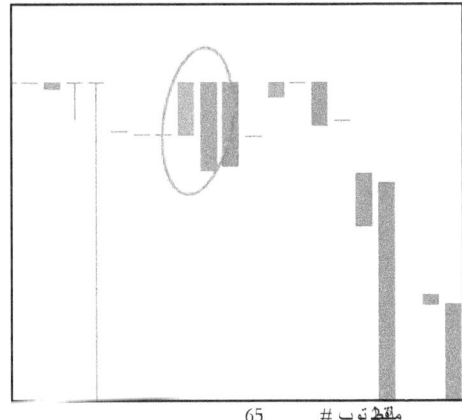

ملقط توب # 2 65

نجمة الصباح

نجمة الصباح ، التي يطلق عليها هذا الاسم للأمل الذي تجلبه للمتداولين ، هي نمط من ثلاثة أشرطة يتضمن شمعة قصيرة الجسم بين أحمر طويل وأخضر طويل. يشير هذا إلى أن ضغط الشراء يتجاوز ضغط البيع ومن المحتمل حدوث انعكاس إيجابي.

نجمة الصباح شكل 66 (tradingview.com)

نجمة المساء

نجمة المساء هي نمط انعكاس هبوطي من ثلاث شموع يتكون من شمعة خضراء كبيرة تليها شمعة صغيرة الجسم (إما خضراء أو حمراء) تفصل فوق الشمعة السابقة. يتبع ذلك شمعة حمراء تغلق داخل الجسم الأخضر الأول. يشير هذا النمط إلى انعكاس هبوطي.

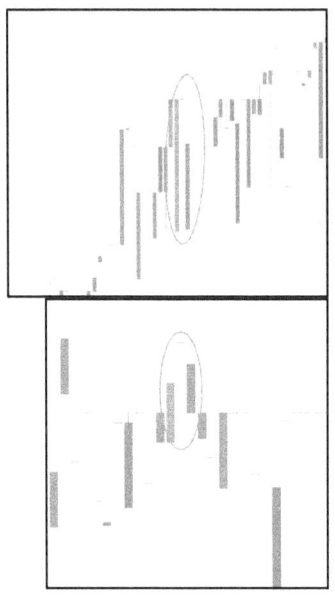

الشكل 67: نجمة المساء # 167 *(tradingview.com)*
الشكل 68: نجمة المساء # 268 *(tradingview.com)*

ثلاثة جنود بيض

ثلاثة جنود بيض هم علامة جيدة جدا - الثالوث ينطوي على ثلاث شموع خضراء متتالية مع فتائل صغيرة. يشير إلى نهاية الاتجاه الهبوطي وبداية الاتجاه الصعودي.

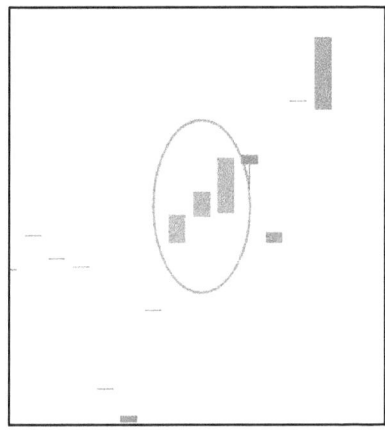

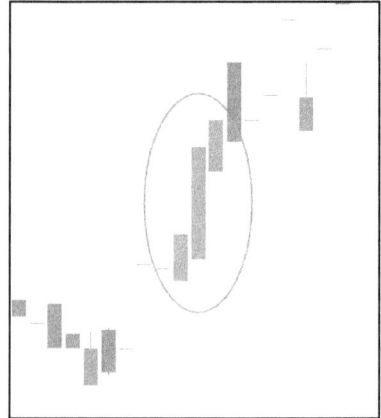

(tradingview.com) الشكل 69: ثلاثة جنود بيض 69 (tradingview.com)
الشكل 70: ثلاثة جنود بيض # 270

ثلاثة غربان سوداء

ثلاثة غربان سوداء هي عكس ثلاثة جنود بيض - يتكون النمط من ثلاث شموع حمراء متتالية مع فتائل صغيرة. يشير هذا إلى أن الدببة قد تجاوزوا الثيران وأن استمرار الضغط الهبوطي أمر محتمل.

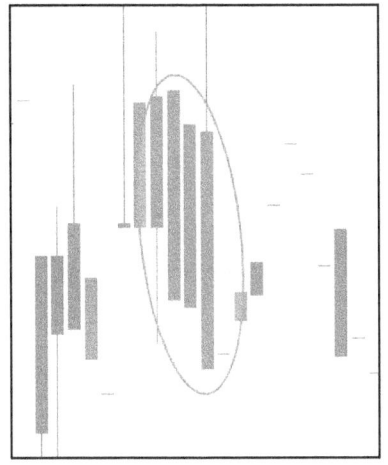 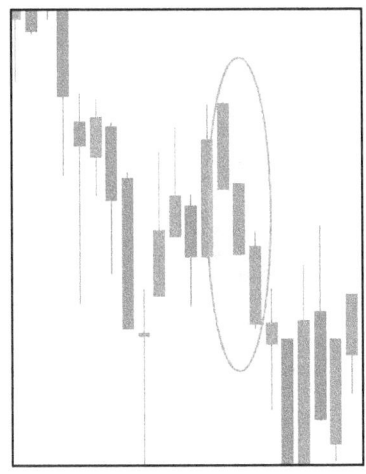

الشكل 71: ثلاثة غربان سوداء71 *(tradingview.com)*

الشكل 72: ثلاثة غربان سوداء #2[72] *(tradingview.com)*

الفجوة الصعودية اثنين من الغربان

UGTC هو نمط من ثلاث شموع يشير إلى ضعف الزخم والانعكاس السلبي المحتمل. يجب أن تتشكل في اتجاه صعودي وتتكون من شمعة خضراء تدفع الاتجاه الصعودي للأعلى ، تليها شمعة حمراء ترتفع عند الفتح ، وأخيرا شمعة حمراء تفتح أعلى من الشمعة الثانية وتغلق أسفل إغلاق الشمعة الخضراء الأولى. يجب دمج UGTC مع مؤشرات أو أنماط أخرى.

[9]

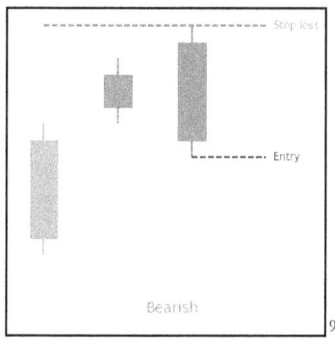

شهاب ستار

نجم الشهاب هو عكس المطرقة المقلوبة. إنه ينطوي على جسم سفلي صغير مع فتيل علوي طويل (وليس فتيل سفلي) يتكون في الجزء العلوي من الاتجاه الصعودي. يجب أن يكون الفتيل العلوي 2x على الأقل طول الجسم. نجوم الرماية هبوطية وتشير إلى رفض سعر أعلى.

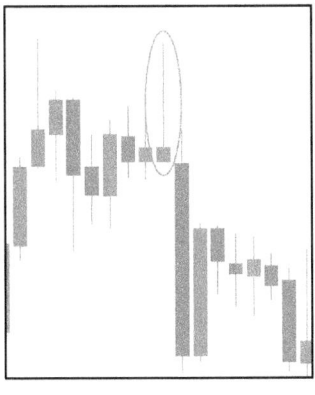

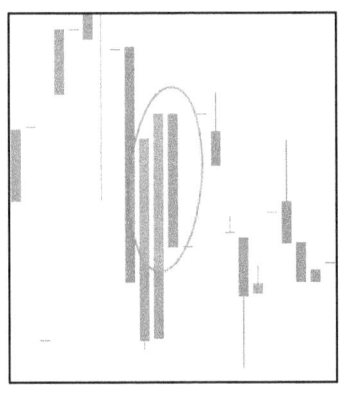

شكل 73 شهاب ستار (tradingview.com)

شكل 74 شهاب ستار # 2 (tradingview.com)

غطاء سحابي داكن

الغطاء السحابي الداكن هو نمط انعكاس من شمعتين يتشكل بعد اتجاه صعودي ويتكون من شمعة خضراء تليها شمعة حمراء تغلق أسفل علامة منتصف الشمعة الأولى. يشير هذا إلى أن ضغط البيع تجاوز الزخم الصعودي السابق.

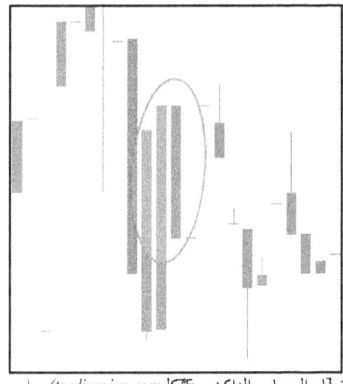

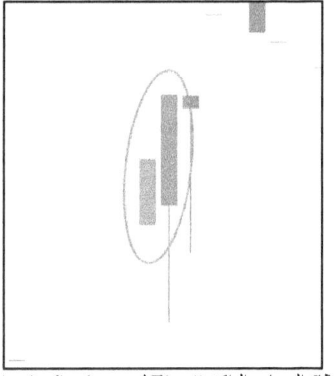

الغطاء السحابي الداكن الشكل 75 (tradingview.com)

الغطاء السحابي الداكن # 2 الشكل 76 (tradingview.com)

دوجي

دوجي هو نوع شائع جدا من الأنماط التي تشكل الأساس لعدد غير قليل من الأنماط الأخرى ، والعديد منها قادم في هذه القائمة. تبدو شمعدانات دوجي مثل صليب أو علامة زائد أو صليب مقلوب (مقلوب). كل هذه الأنماط هي شمعة واحدة وتشير إلى انعكاسات محتملة. جميع أنماط دوجي تفتح وتغلق ضمن نطاق تداول صغير جدا. يحدث التمايز داخل الظلال. نظرا لأن dojis يمكن أن يأتي بأشكال مختلفة ، أود أن أغطي بالكامل جميع أنماط doji الخمسة الرئيسية أدناه ، بالإضافة إلى نجوم :doji

دوجي قياسي

يتشكل دوجي قياسي (محايد) عندما تكون أسعار الفتح والإغلاق قريبة من المساواة. تبدو الشمعة الناتجة كعلامة زائد ممدودة رأسيا.

دو جي القياسة :شكل 7 tradingview.com)

77

دوجي طويل الأرجل

يشبه الدوجي ذو الأرجل الطويلة الدوجي المحايد (إنه في الواقع نوع معين من الدوجي المحايد) ، باستثناء الفتائل طويلة جدا ، أسفل الجسم وفوقه. يشير هذا إلى التردد لأن الحجم المطلوب للوصول إلى الارتفاعات والانخفاضات جنبا إلى جنب مع الجسم الصغير يجعل الدببة والثيران متساوين عمليا ؛ في الجزء العلوي من الاتجاه الصعودي أو أسفل الاتجاه الهبوطي ، يمكن أن يشير هذا إلى انعكاس.

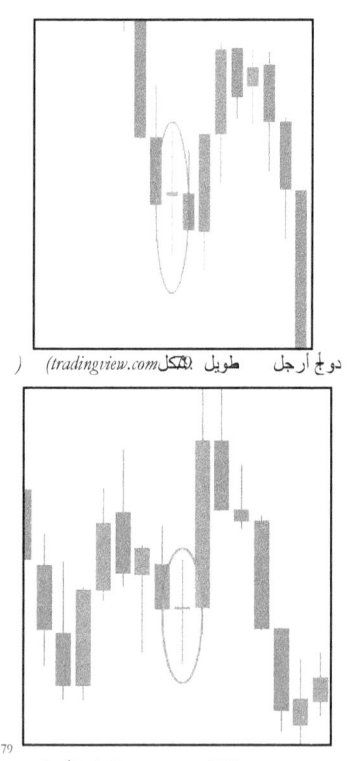

دولج أرجل طويل .79الشكل (tradingview.com)

79

الشكل 80: دوجي طويل الأرجل # 280 (tradingview.com)

اليعسوب دوجي

دوجي اليعسوب له جسم صغير مع فتيل سفلي طويل ويبدو وكأنه "T" ممدود. يشير هذا النمط إلى انعكاس وشيك ولا يمكن أن يتشكل إلا عندما تكون أسعار الافتتاح والإغلاق هي نفسها عمليا وتحدث عند أعلى مستوى من اليوم. يتشكل هذا النمط عادة في قاع الاتجاه الهبوطي ويشير إلى انعكاس صعودي محتمل.

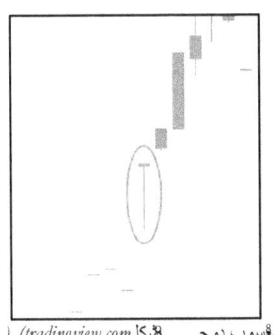

اليعسوب دوجى شكل 8 (tradingview.com)

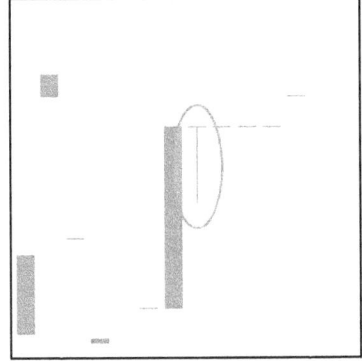

اليعسوب دوجى # شكل 8 (tradingview.com)

شاهد القبر دوجي

شاهد القبر دوجي هو عكس دوجي اليعسوب. يبدو وكأنه حرف "T" مقلوب ، أو ، كما يوحي الاسم ، شاهد قبر ممدود. يتشكل هذا النمط عادة في الجزء العلوي من الاتجاه الصعودي ويشير الظل العلوي الطويل إلى انعكاس هبوطي محتمل.

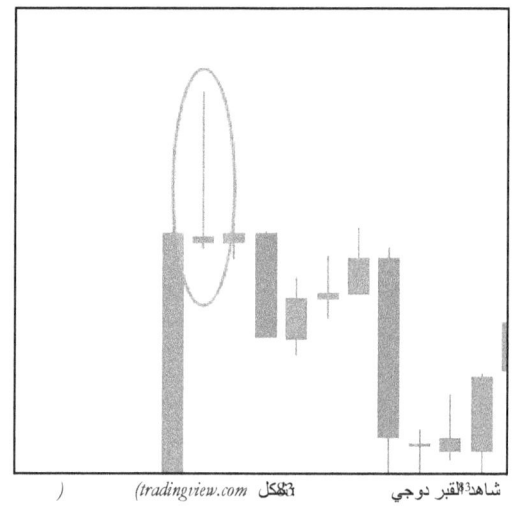

الشكل 83: شاهد القبر دوجي (tradingview.com)

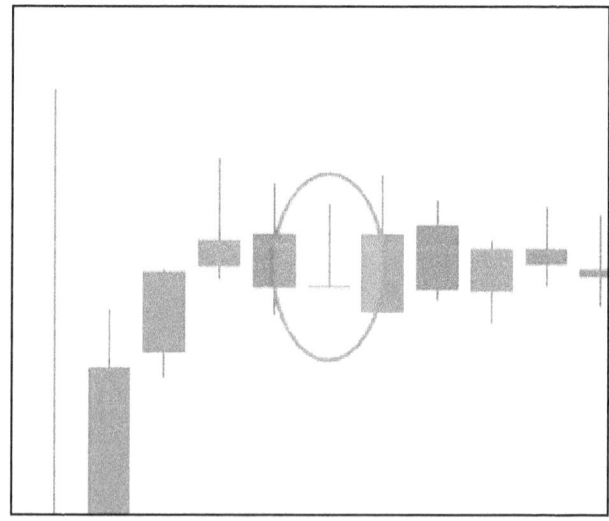

الشكل 84: شاهد القبر دوجي # (tradingview.com)

دوجي بأربعة أسعار

دوجي بأربعة أسعار (4 أسعار) هو نمط نادر يحدث عندما تكون جميع الأسعار الأربعة - الفتح والإغلاق والانخفاض والارتفاع - متساوية. يمكن أن يحدث هذا فقط مع التردد الشديد والحجم المنخفض.

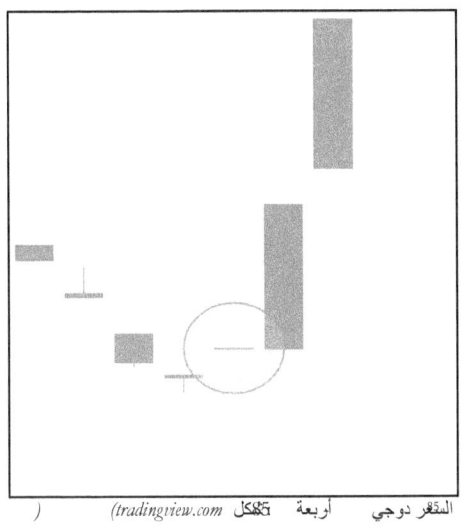

الشكل 85 السعر دوجي أربعة (tradingview.com)

الشكل 86 السعر - (tradingview

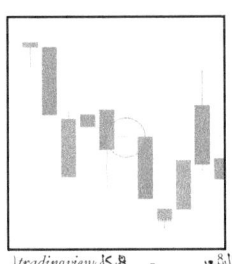

نجم دوجي الصاعد

نجوم دوجي هي نمط انعكاس ثلاثي الشموع. نجم دوجي الصباحي صعودي ، بينما نجم دوجي المسائي هبوطي. تتشكل نجوم دوجي الصباحية خلال اتجاه هبوطي (عادة ما يكون اتجاها هبوطيا طويلا إلى حد ما). وهي تتكون من شمعة حمراء طويلة الجسم ، وشمعة دوجيليكينج ثانية تفصل الفجوات لأسفل ، وشمعة ثالثة تغلق فوق نقطة منتصف الشريط الأول. لتقليل المخاطر ، يمكن وضع وقف الخسارة أسفل الشمعة الثانية.

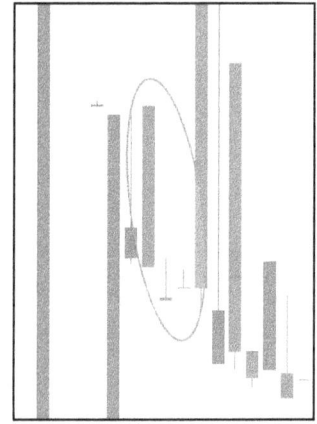

الشكل 87: نجم دوجي الصاعد[87] *(tradingview.com)*

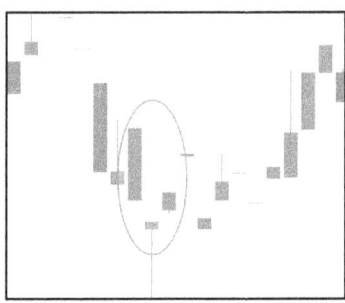

نجم دوجى الصاعد الشكل 88 *(tradingview.com*)

نجمة دوجي الهابطة

يسمى الشكل الهبوطي لنجم دوجي نجمة دوجي المسائية. يتضمن ذلك شمعة خضراء طويلة الجسم ، وشمعة حمراء صغيرة ثانية تشبه دوجي عادي وفجوات فوق الشمعة الأولى ، وشريط ثالث يغلق أسفل نقطة منتصف الشمعة الأولى.

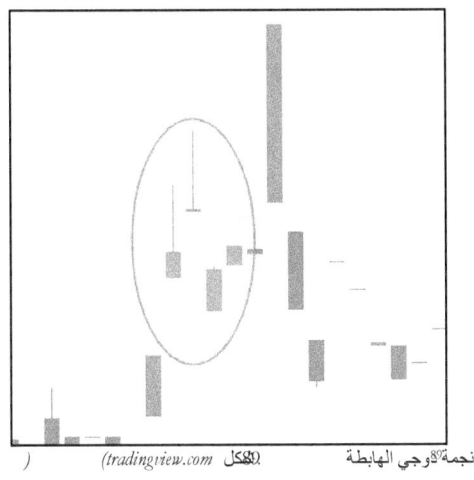

نجمة89وجي الهابطة الشكل 90. (tradingview.com)

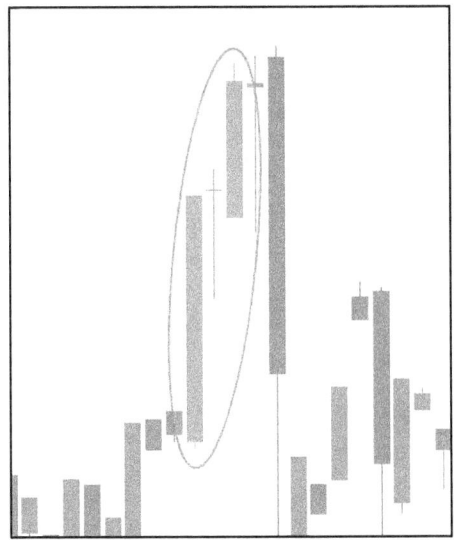

الشكل 90: نجمة دوجي الهابطة # 290 (tradingview.com)

ماروبوزو

Marubozu (المعروف أيضا باسم الرأس الأصلع / الحليق) هو نمط استمرار يتكون من شمعة خضراء واحدة مع ظل ضئيل أو معدوم على كلا الجانبين. يشكل Marubozu الهابط عكس ذلك: شمعة حمراء واحدة بدون ظل أو القليل من الظل.

يشير ماروبوزو إلى أنه من المرجح أن يستمر الاتجاه.

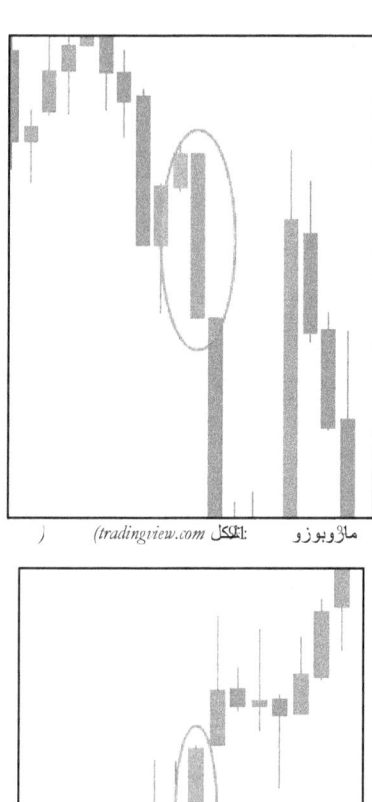

الشكل 1: ماروبوزو (tradingview.com)

الشكل 2: ماروبوزو # (tradingview.com)

الحرمي

الحرامي هو نمط انعكاس ذو شمعتين يأتي من الكلمة اليابانية "حامل" التي تدل على مظهر الشمعة. يمكن أن يكون الحراميون هبوطيا أو صعوديا. يتشكل النمط الصعودي بعد اتجاه هبوطي ويتكون من شمعة حمراء كبيرة واحدة مع فتائل صغيرة تليها شمعة خضراء أصغر تتأرجح لأعلى وتتداول داخل فتح وإغلاق الشمعة الأولى {red}. يتكون نموذج الحرامي الهابط من شمعة خضراء كبيرة واحدة ، تليها شمعة حمراء أصغر تفصل عن الإغلاق السابق وتتداول داخل فتح وإغلاق الشمعة {الخضراء} الأولى. يشير كلا النمطين إلى انعكاسات محتملة. يمكن وضع أوامر وقف الخسارة عند أو أسفل الشريط الأول.

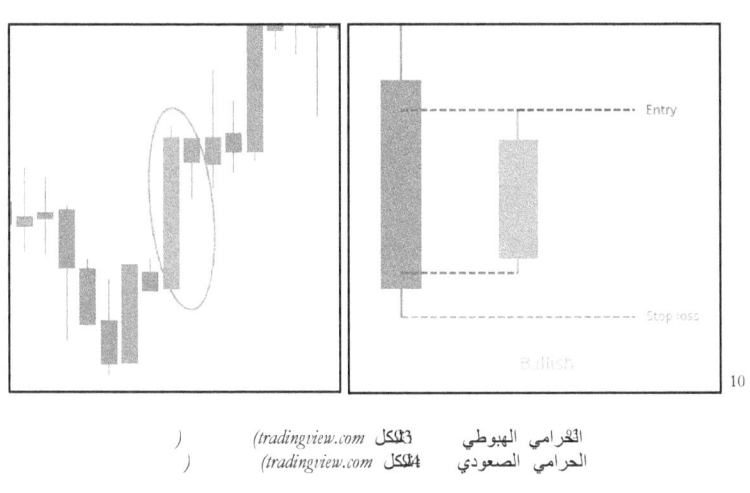

10

الحرامي الهبوطي الشكل 13 (tradingview.com)
الحرامي الصعودي الشكل 14 (tradingview.com)

الصليب الحرامي

صليب الحرامي هو نمط انعكاس من شمعتين يجمع بين عناصر الحرامي والدوجيس. يحدث الحرامي الصاعد أثناء الاتجاه الهبوطي ويتكون من شمعة حمراء كبيرة تليها دوجي، بينما يحدث الحرامي الهابط أثناء الاتجاه الصعودي ويتكون من شمعة خضراء كبيرة تليها دوجي. في كل من الأنماط الصعودية والهبوطية، يجب احتواء دوجي مع أجسام الشريط الأول. يتم إعطاء الصلبان الحرمية إشعارا أكبر إذا حدثت عند مستويات الدعم ؛ هذا يشير إلى انتعاش. كما هو الحال دائما، يجب استخدام أزواج الحرامي، إذا تم تداولها، مع مؤشرات وأنماط أخرى.

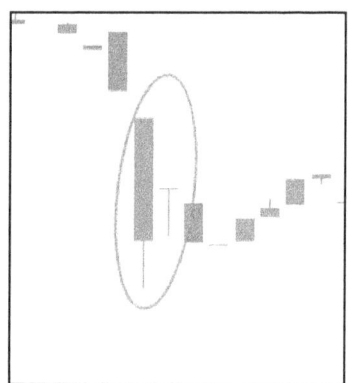 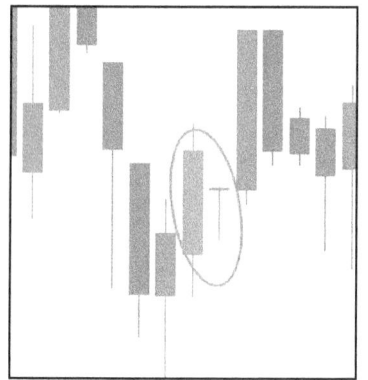

الشكل 95: الصليب الحرامي[94] (tradingview.com)
الشكل 96: الصليب الحرامي #2[95] (tradingview.com)

الغزل الأعلى

الجزء العلوي الدوار هو نمط شمعة واحدة يشير إلى عدم اكتساب الثيران ولا الدببة اليد العليا. بعد اتجاه صعودي أو هبوطي كبير ، قد يشير هذا إلى انعكاس ؛ بعد حركة التداول الجانبية ، قد يشير هذا إلى حركة أكثر حيادية. تتكون قمم الغزل من جسم صغير متمركز رأسيا بين الظلال السفلية والعلوية الطويلة. قمم الغزل الصاعدة هي شموع خضراء ، في حين أن قمم الغزل الهابطة هي شمعدانات حمراء. يمكن استخدام هذا النمط بسهولة كنمط تأكيد بالاقتران مع الأنماط والمذبذبات والمؤشرات الأخرى.

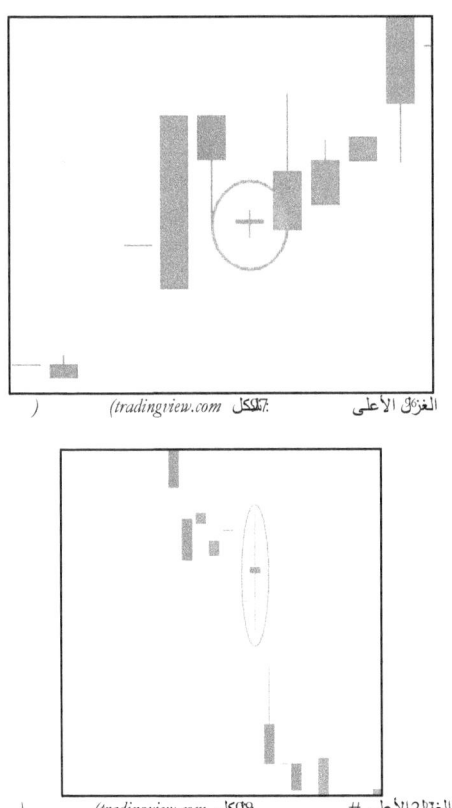

الشكل 7: الغزل الأعلى 6 (tradingview.com)

الشكل 8: الغزل الأعلى 2 # (tradingview.com)

ارتفاع ثلاث طرق

ارتفاع ثلاث طرق هو نمط استمرار صعودي من خمس شموع يشير ، خلال الاتجاه الصعودي ، إلى أنه من المرجح أن يستمر الاتجاه. الشمعة الأولى خضراء بجسم كبير. الشموع الثلاث التالية صغيرة وحمراء ويتم تداولها داخل الشمعة الأولى. الشمعة الأخيرة هي شمعة خضراء كبيرة تدفع فوق قمة الشريط الأول. لإدارة المخاطر في حالة التداول على هذا النمط ، يمكن تعيين أمر وقف الخسارة أسفل قاع الشمعة الأولى قليلا.

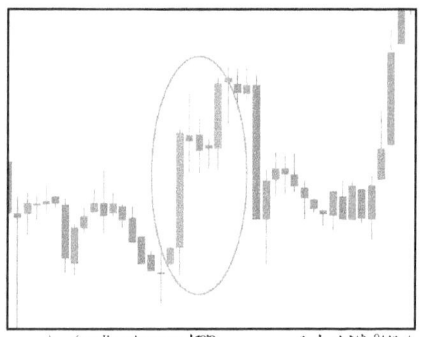

ارتفاع ثلاث طرق الشكل 99 (tradingview.com)

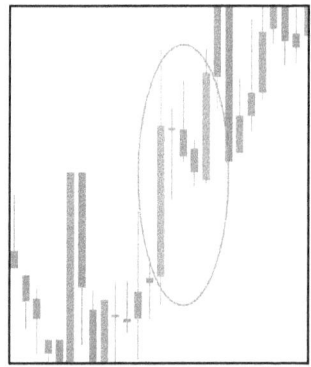

(tradingview.com) الشكل 100: صعود ثلاث طرق # 299

سقوط ثلاث طرق

الطرق الثلاثة الهابطة هي المكافئ الهبوطي للطرق الثلاثة الصاعدة (يسار) والتي تشير إلى استمرار محتمل للاتجاهات السابقة. الشمعة الأولى كبيرة وحمراء ، تليها ثلاثة أشرطة خضراء صغيرة تتداول داخل الشمعة الأولى. الشمعة الأخيرة كبيرة ، حمراء ، وتنكسر تحت القاع الذي حددته الشمعة الأولى. كما هو الحال مع الطرق الثلاث الصاعدة ، يمكن وضع أمر وقف الخسارة أعلى قليلا من قمة الشمعة الأولى لإدارة المخاطر أثناء البيع.

السقوط ثلاث طرق (tradingview.com الشكل 101)

الشكل 102: سقوط ثلاث طرق # 2101 (tradingview.com)

طفل متنازل عنه

الطفل المهجور هو نمط انعكاس نادر من ثلاثة أشرطة معروف بأنه موثوق به تماما في تحديد الانعكاسات قصيرة المدى ، خاصة بعد انخفاض الأسعار أو ارتفاعها السريع. إنه مشابه لنجوم الصباح وتشكيلات نجوم المساء ويمكن أن يكون صعوديا أو هبوطيا. يتنبأ النمط الهبوطي بانعكاس الاتجاه الصعودي ويتشكل عندما تتبع شمعة خضراء كبيرة الجسم شمعة دوجي تفصل لأعلى وشمعة حمراء ثالثة كبيرة الجسم تفصل لأسفل. عادة ما يكون للشموع الأولى والثالثة ظلال صغيرة. يتكون المكافئ الصعودي ، الذي ينبئ بانعكاس الاتجاه الهبوطي ، من شمعة خضراء كبيرة ، ودوجي تفصل الفجوات السفلية ، وشمعة خضراء كبيرة ثالثة ترتفع إلى أعلى.

يجب أن أشير إلى أنني لم أتمكن من العثور على أصل الاسم ، لكن يمكنني القول أن المصطلح الياباني الأصلي للنمط ، "sute go" ، يترجم إلى "التخلي عن الطفل" ، لذلك كان المصطلح موجودا منذ بعض الوقت.

الشكل 103: طفل مهجور102 *(tradingview.com)*
الشكل 104: الطفل المهجور # 2103 *(tradingview.com)*

115

فجوة المكافآت الصعودية

فجوة tasuki الصعودية هي نمط استمرار من ثلاثة أشرطة يتضمن شمعة خضراء كبيرة ، وشمعة خضراء لاحقة تفصل فوق قمة الشمعة السابقة ، وشمعة حمراء ثالثة تغلق بين فجوة الشمعتين التاليتين. تشير الشمعة الثالثة إلى أن المقاومة قد قوبلت بعد فترة وجيزة ولكنها لم تدم طويلا. وبالتالي ، يجب أن يستمر الاتجاه الصعودي.

الاتجاه الصعودى الشكل 10 (*tradingview.com*)

(*tradingview.com*) الشكل 106: **فجوة تاسوكي الصعودية** # 2105

الجانب السلبي تاسوكي جاب

فجوة tasuki الهبوطية هي عكس فجوة tasuki الصعودية (أعلاه). يتكون من شمعة حمراء كبيرة ، وشمعة حمراء ثانية تفصل أسفل إغلاق الشمعة الأولى ، وشمعة خضراء ثالثة تغلق داخل فجوة أول شريطين.

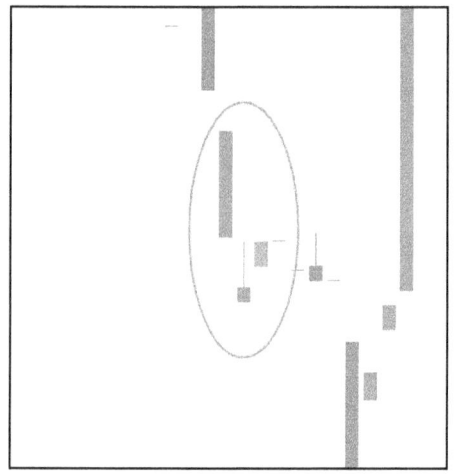

الشكل 107: فجوة تاسوكي السلبية[106] *(tradingview.com)*

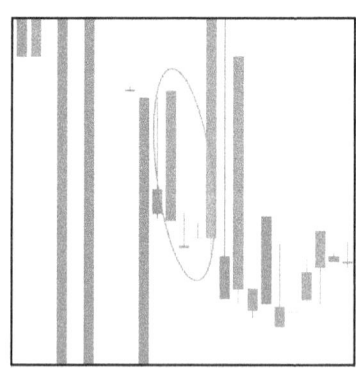

الشكل 108: الجانب السلبي فجوة تاسوكي # *(tradingview.com)*

2[107]

خط ثقب

الخط الثاقب هو نمط انعكاس صعودي ذو شمعتين يتبع اتجاها هبوطيا. الشمعة الأولى حمراء، والشمعة الخضراء الثانية يجب أن تغلق فوق خط الوسط للشريط [الأحمر] الأول. هذا يشير إلى انعكاس إيجابي.

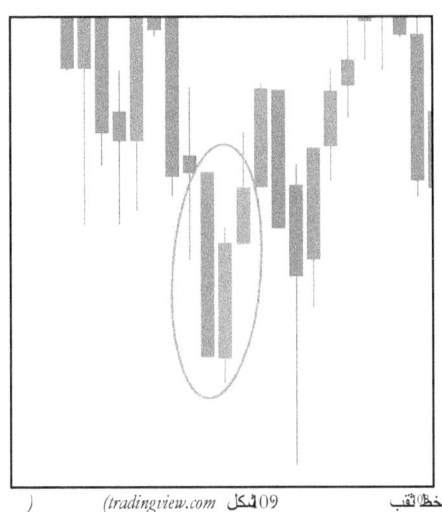

خط ثقب 10 شكل 109 (tradingview.com)

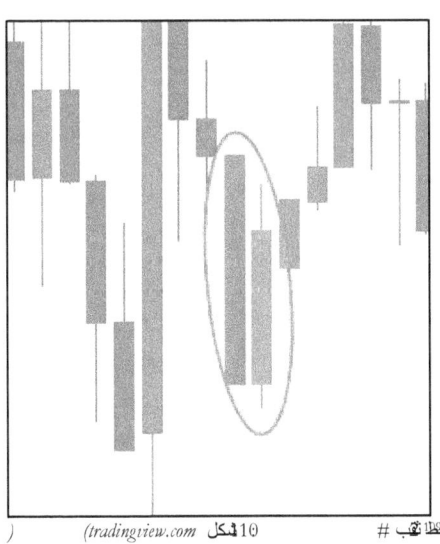

خط ثقب # 10 شكل 110 (tradingview.com)

اثنين من الفجوة السوداء

الفجوة السوداء هي نمط استمرار هبوطي يظهر بعد اتجاه صعودي ويتكون من فجوة تليها شمعتان أحمرتان ، كل منهما يشكل قيعان منخفضة. يشير إلى أن السعر سيستمر في الاتجاه الهبوطي.

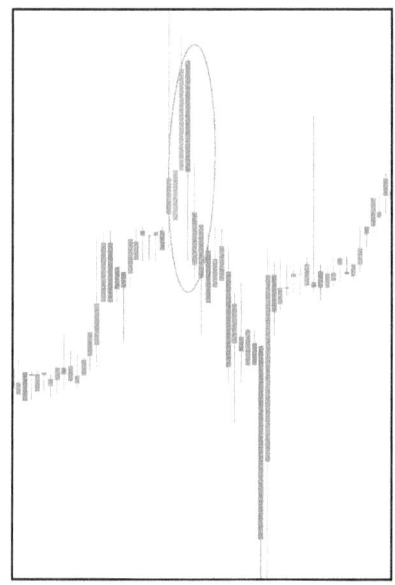

الشكل 111: فرقتان أسودتان110 *(tradingview.com)*

ستيك ساندويتش

السندويشات العصوية هي أنماط انعكاس نادرة من ثلاث شموع يمكن أن تكون إما هبوطية أو صعودية. كما يوحي الاسم ، يبدو هذا النمط وكأنه شطيرة. تتكون الأنماط الصعودية من شمعة خضراء صغيرة محصورة بين شمعتين أحمرتين أكبر ، تغلق الأولى بالقرب من قاعها. تفصل الشمعة الخضراء الثانية عن الإغلاق السابق وتغلق فوق الشمعة السابقة المفتوحة. الشمعة الأخيرة لها نفس سعر الإغلاق مثل الشمعة الأولى. باتباع هذا النمط ، من المحتمل أن يحدث اتجاه صعودي إذا تم كسر قمة الشمعة الثالثة. عكس هذا [شطيرة عصا هبوطية] يتضمن شمعة خضراء كبيرة تغلق بالقرب من قمتها ، وشمعة حمراء ثانية تتأرجح لأسفل وتغلق بين فتح الشمعة السابقة ، وشمعة خضراء نهائية لها نفس سعر الإغلاق مثل الشمعة الأولى. بمجرد كسر قاع الشمعة الثالثة ، من المحتمل أن يحدث اتجاه هبوطي أو يستمر.

11

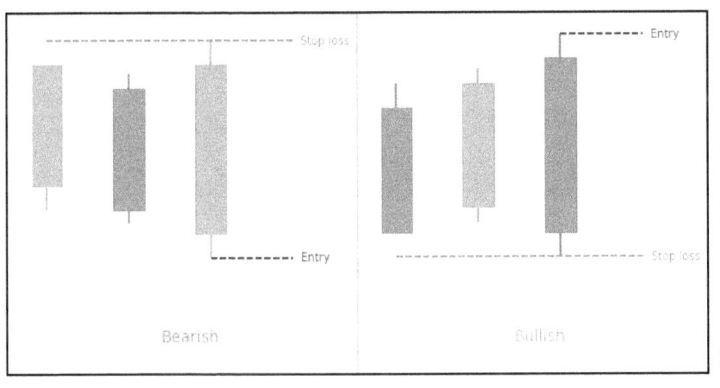

ثلاثة خطوط سترايك

الإضراب المكون من ثلاثة خطوط هو نمط انعكاس صعودي أو هبوطي نادر من خمس شموع. يتكون النمط الصاعد من شمعة خضراء كبيرة ، وثلاث شموع خضراء لاحقة ، وشمعة حمراء كبيرة ، يكون قاعها أقل من الشموع الثلاث السابقة (وليس الأربعة). يشير هذا إلى أن الاتجاه الصعودي سيستمر. يتكون نمط الإضراب الهابط المكون من ثلاثة أسطر من ثلاث شموع حمراء تليها شمعة خضراء كبيرة ترفع السعر فوق قمة الشموع الهبوطية الثلاثة السابقة. لإدارة المخاطر داخل الإضراب المكون من ثلاثة أسطر ، يمكن تطبيق وقف الخسارة المتحرك.

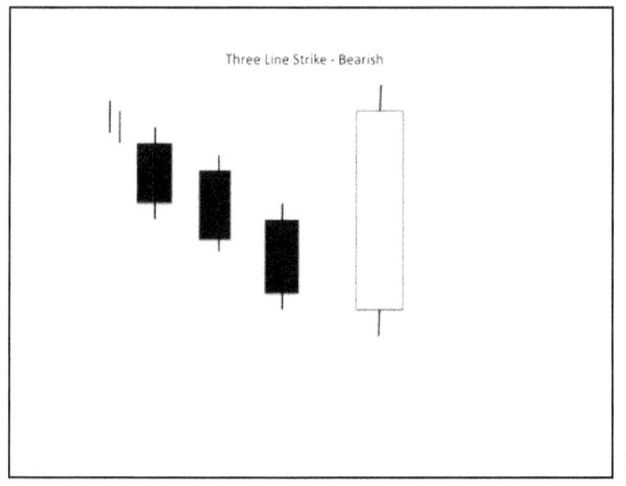

12

أساسي: الأنماط

يوفر هذا القسم عرضا مبسطا لثمانية أنماط من أصل الخمسين أو نحو ذلك أعلاه. كلها مهمة ، وتسمح أدوات الرسوم البيانية الحديثة بتحديد أنماط مثل هذه تلقائيا وبسهولة.

وصلت الأنماط التالية إلى هذه القائمة:

1. المثلثات
2. المستطيلات
3. الرأس والكتفين
4. مزدوجة / ثلاثية أسفل / أعلى
5. دوجي
6. نجمة الصباح / نجمة المساء
7. طفل مهجور
8. اثنين من الفجوة السوداء

المثلثات

يمكن أن تكون أنماط المثلث إما متماثلة أو تصاعدية أو تنازلية. تتكون المثلثات الصاعدة من خط اتجاه أفقي وخط اتجاه سفلي صاعد قطريا ، وتتكون المثلثات الهابطة من خط اتجاه سفلي أفقي وخط اتجاه علوي غارق قطريا ، وتمثل المثلثات المتماثلة خطي اتجاه ونطاق سعري متقلص. تشير المثلثات الصاعدة إلى اختراقات صعودية ، وتشير المثلثات الهابطة إلى اختراقات هبوطية ، وتشير المثلثات المتماثلة إلى اختراقات محتملة في أي من الاتجاهين.

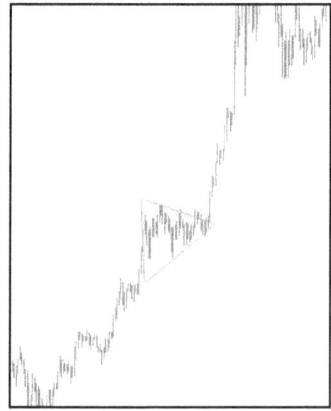
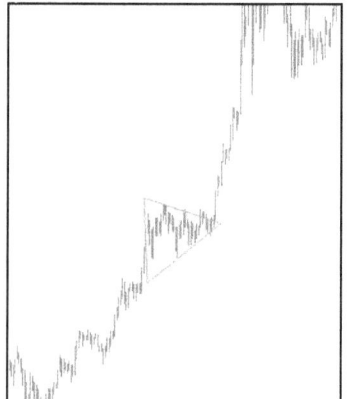

الشكل 113: مثلث متماثل # 3112 *(tradingview.com)*
الشكل 114: مثلث متماثل # 4113 *(tradingview.com)*

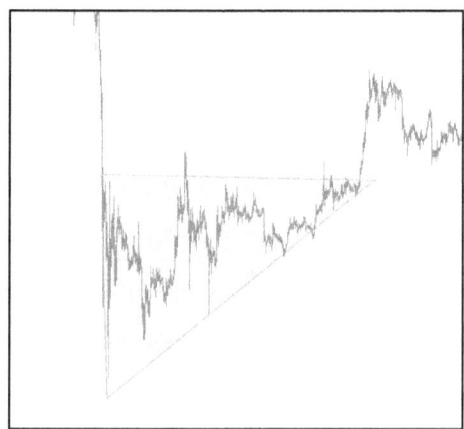

المستطيلات

تشكيلات المستطيلات هي أنماط استمرار تدل عليها قمم وقيعان متتالية شبه متساوية. تم العثور على المستطيلات لتكون دقيقة بنسبة 80٪ تقريبا ، وتمتد الاختراقات بشكل موثوق حتى نطاق التداول (عرض) المستطيل.

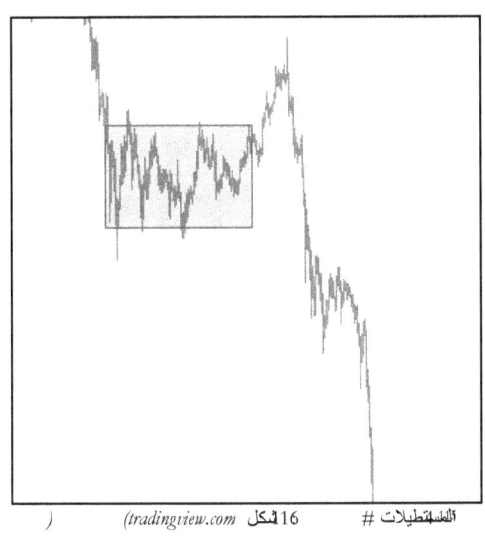

(شكل 16 # المستطيلات (tradingview.com)

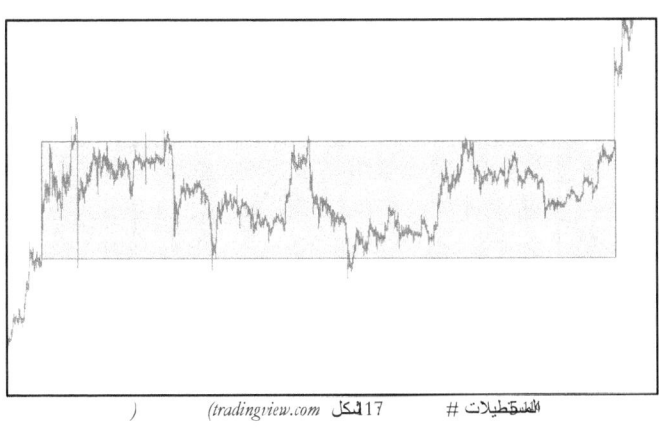

(شكل 17 # المستطيلات (tradingview.com)

* لاحظ أن الاتجاهات الصعودية الناتجة في كلتا الحالتين كانت مكافئة تقريبا لارتفاع المستطيلات المعنية.

الرأس والكتفين

الرأس والكتفين هما إحصائيا نمط حركة السعر الأكثر دقة ، حيث يكونان صحيحين بنسبة 85٪ تقريبا من الوقت. يتكون النمط من سعر خط الأساس وثلاث قمم. تسمى القمة الوسطى "الرأس" وتقع بين "كتفين". تشكل أحواض الكتفين سعر "خط العنق". تشير تشكيلات الرأس والكتف إلى انعكاس هبوطي. أنماط الرأس والكتف العكسية صعودية.

عكس الرأس والكتفين # 2117 الشكل 118 (tradingview.com)

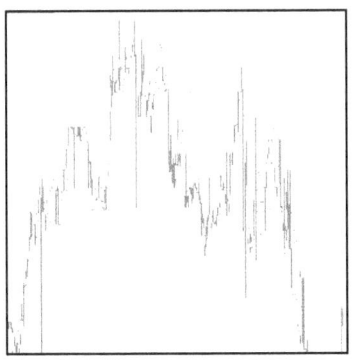

الشكل 119: الرأس والكتفين # 2118 (tradingview.com)

مزدوج / ثلاثي أسفل / أعلى

تشير القمم المزدوجة والقيعان المزدوجة والقمم الثلاثية والقيعان الثلاثية إلى الانعكاسات. يشار إلى كل منها بالعدد المقابل من القمم أو القيعان المميزة. التكوينات ، ككل ، دقيقة بنسبة 75% إلى 80%.

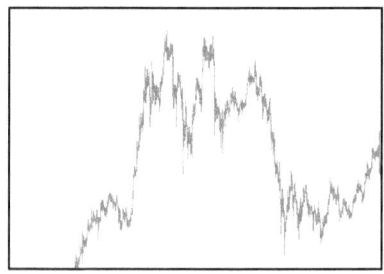
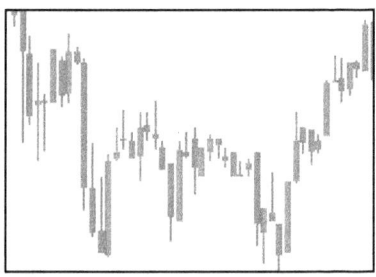

الشكل 120: قمة مزدوجة # 2119 *(tradingview.com)*
الشكل 121: القاع الثلاثي # 3120 *(tradingview.com)*

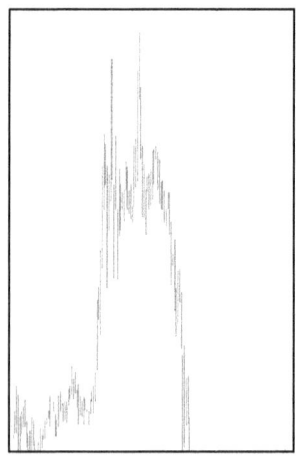

الشكل 122: قمة مزدوجة # *(tradingview.com)*
3121

دوجي

Dojis عبارة عن تشكيلات شمعة واحدة تتميز بنطاق تداول صغير وظلال طويلة. dojis القياسية و dojis طويلة الأرجل لها ظلال متساوية الطول ، dojis اليعسوب لها ظلال منخفضة طويلة ، dojis شاهد القبر لها ظلال علوية طويلة ، و dojis أربعة الأسعار هي خط أفقي رفيع واحد بدون ظلال. غالبا ما تشير Dojis إلى الانعكاسات ولكن من الأفضل استخدامها مع الأشرطة الأخرى لتشكيل مؤشرات أقوى.

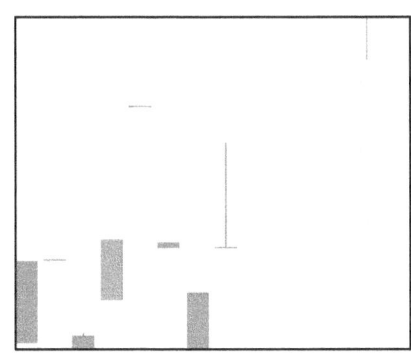

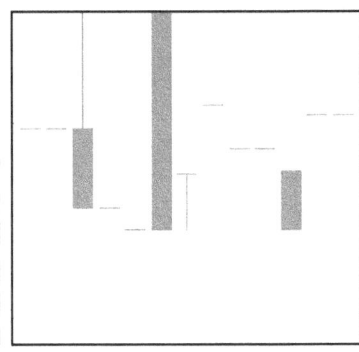

(tradingview.com) الشكل 123: شاهد القبر دوجي # 3[122]
(tradingview.com) الشكل 124: اليعسوب دوجي # 3[123]

13

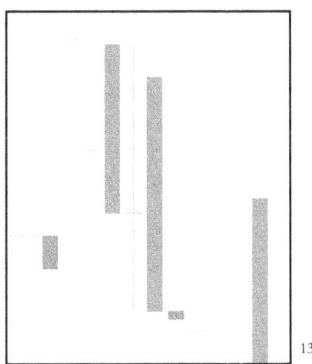

(tradingview.com) الشكل 125: دوجي طويل الأرجل (محايد) 124

13 * يمكن العثور على أربعة أسعار dojis في جميع الصور الثلاث.

نجمة الصباح / نجمة المساء

نجمة الصباح ونجمة المساء عبارة عن أنماط من ثلاثة أشرطة ، يكون الصباح صعوديا وهبوطيا في المساء. تشكل نجمة الصباح شمعة قصيرة الجسم بين أحمر طويل (يسار) وأخضر طويل (يمين). تشكل نجمة المساء أخضر طويل (يسار) ، وشمعة متوسطة قصيرة الجسم ، وأحمر طويل (يمين). تحدث نجوم الصباح في الجزء السفلي من الاتجاه الهبوطي ، بينما تحدث نجوم المساء في الجزء العلوي من الاتجاهات الصعودية. كلاهما يشير إلى الانعكاسات.

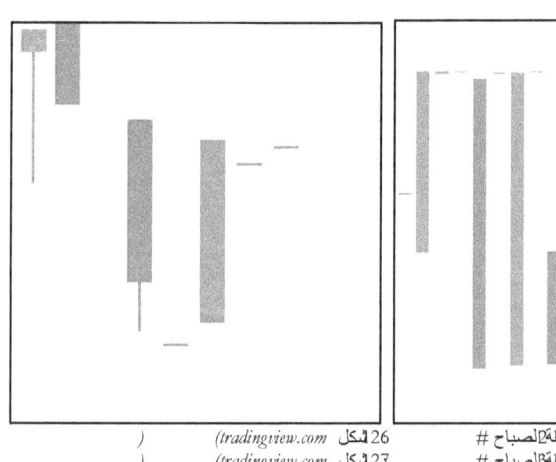

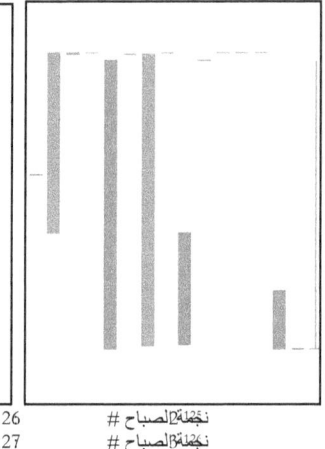

نجمة الصباح # 2 125 الشكل 126 (tradingview.com)
نجمة الصباح # 3 126 الشكل 127 (tradingview.com)

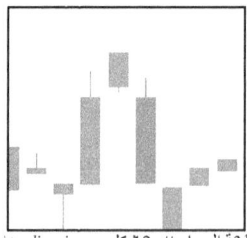

نجمة المساء # 3 123 الشكل 12 (tradingview.com)

طفل متنازل عنه

الطفل المهجور هو نمط انعكاس من ثلاثة أشرطة.[14] يشكل النمط الصعودي شمعة كبيرة ، ودوجي تفصل فجوات أقل ، وشمعة خضراء كبيرة ثالثة ترتفع إلى أعلى. يشكل المكافئ الهابط شمعة خضراء كبيرة متبوعة بدوجي تتأرجح لأعلى ، وأخيرا شمعة حمراء كبيرة الجسم تتأرجح لأسفل. من المعروف أن هذا التكوين مناسب للتنبؤ بالانعكاسات قصيرة المدى.

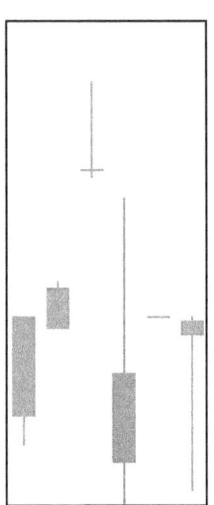
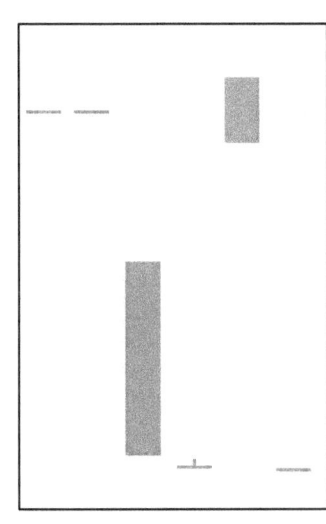

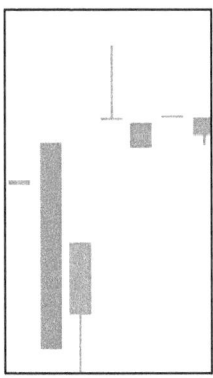

اثنين من الفجوة السوداء

الفجوة السوداء هي نمط استمرار هبوطي يشكل شمعتين أحمرتين تشكلان في الجزء العلوي من الاتجاه الصعودي ، والثانية منها فجوات أسفل الأولى. هذا يدل على أن الاتجاه قصير المدى سيظل هبوطيا. هذا التكوين دقيق تقريبا 70 ٪ من الوقت.

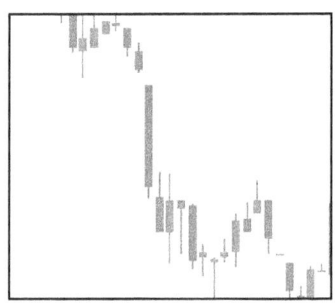

(tradingview.com) الشكل 132: فجوتان أسودتان # 3131
(tradingview.com) الشكل 133: فجوتان أسودتان # 4132

(tradingview.com) الشكل 134: فجوتان أسودتان # 5133

المؤشرات

يغطي هذا القسم بعض المؤشرات المحددة التي لا يغطيها قسم المذبذب أو النمط. يرجى النظر في مؤشرات فيبوناتشي و Parabolic SAR و Bollinger Bands لتكون معلومات أساسية ، في حين أن مؤشرات Ichimoku و Pitchforks و

Gann هي مواد تكميلية ومتقدمة يجب متابعتها (إذا كانت مهتمة) خارج هذا الكتاب ، على الرغم من تضمين المقدمات.

ليموكو (كينكو هيو) / إيشيموكو كلاود

إيشيموكو هي أداة شائعة تجمع بين الزخم والاتجاه والدعم والمقاومة في مؤشر واحد. في حين أن هذا المؤشر قد يبدو مخيفا ، إلا أنه بمجرد فهمه ، يمكن أن تكون النتيجة أداة تحليل مبسطة وفعالة. تتحد الأسطر الخمسة من إيشيموكو لتشكيل "سحابة إيشيموكو" ، والتي تنهار المعلومات من جميع الأسطر الخمسة في تشكيل واحد أسهل في القراءة. يمكن أيضا عرض الخطوط الخمسة التي تشكل سحابة إيشيموكو أثناء استخدام إيشيموكو ، وبالتالي توفير البراعة والنهج متعدد الأوجه الذي يحمل علامة تجارية بواسطة إيشيموكو.

خط الأساس - تينكان سين

Tenkan-Sen هو متوسط متحرك يتم تمثيله عادة كخط أحمر. يشير إلى اتجاه السوق العام (صعودا أو هبوطا أو جانبيا).

خط التحويل - كيجون سين

يعمل Kijun-Sen كدعم ومقاومة ويتم تمثيله عادة بخط أزرق. يشبه Kijun-Sen Tenkan-Sen ، باستثناء تطبيق إطار زمني أطول. ومن ثم ، فإن الكيجون عادة ما يتخلف عن Tenkan.

الرائدة سبان أ - سينكو أ

Senkou A هو متوسط الارتفاعات والانخفاضات في الخطين السابقين [Kijun-Sen و TenkanSen] ، وعادة ما يتم تمثيله كخط برتقالي. إذا كان سعر العملة أو الرمز المميز أعلى من قيمة Senkou A ، فإن الخطوط العلوية والسفلية [من الخمسة] تصبح مستويات دعم ، بينما إذا تحرك السعر أسفل Senkou span A ، فإن الخطوط السفلية والعليا تصبح مقاومة.

الرائدة سبان ب - سينكو ب

Senkou span B هو نسخة موسعة من Senkou A. الفرق بين Senkou A و Senkou B ملون ويخلق سحابة إيشيموكو. إذا كان Senkou A فوق Senkou B ، فإن السحابة خضراء. إذا كان Senkou A أسفل Senkou B ، تكون السحابة حمراء.

الفريق المتأخر - فريق شيكو

يحول امتداد Chikou السعر الحالي 26 فترة إلى اليسار ويتم تمثيله كخط أخضر. عندما يعبر امتداد Chikou السعر في اتجاه صعودي ، فإنه يشير إلى إشارة شراء ، وتقاطع Chikou الممتد أسفل السعر هو إشارة بيع.

إشارات إيشيموكو

- ا يكون Tenkan-Sen و Kijun-Sen فوق السحابة ، يكون الاتجاه يا.
- ا يكون Tenkan-Sen و Kijun-Sen أسفل السحابة ، يكون الاتجاه .
- زيز إشارة الشراء عندما يعبر Tenkan-Sen فوق KijunSen بينما كلا الخطين والسعر فوق السحابة.
- زيز إشارة البيع عندما يعبر Tenkan-Sen أسفل Kijun-Sen عندما يكون كلا الخطين والسعر فوق السحابة.

غالبا ما يتم إقران سحابة إيشيموكو بمؤشرات الزخم ، مثل مؤشر القوة النسبية ومذبذب ستوكاستيك.

بولينجر باند

البولنجر باند هو مؤشر بسيط يعرف باسم مغلف السعر. يتم تمثيل مغلفات الأسعار كنطاق حول السعر وتحديد النطاق والدعم والمقاومة. من خلال تحديد النطاق ، يمكن للمتداولين الحصول على فكرة عما إذا كانت الأسعار مرتفعة أو منخفضة على أساس نسبي. تستخدم البولنجر باند جنبا إلى جنب مع المتوسط المتحرك ، وهو خط يسمى "النطاق الأوسط" الذي يبقى تقريبا داخل النطاق العلوي والسفلي. كلما اقترب السعر من النطاق العلوي أو السفلي ، كلما كان الاتجاه أقوى ، وكلما اقترب السعر من النطاق العلوي ، زاد سعر ذروة الشراء ، بينما كلما اقترب السعر من النطاق السفلي ، زاد ذروة البيع. نظرا لأن ما يقرب من 90٪ من حركة السعر تحدث بين النطاقين ، فمن المحتمل أن تكون نسبة 10٪ الناتجة من حركة السعر مؤشرا على اختراقات كبيرة. يمكن وضع وقف الخسائر عند سعر الاختراق بمجرد تأكيد الاختراق.

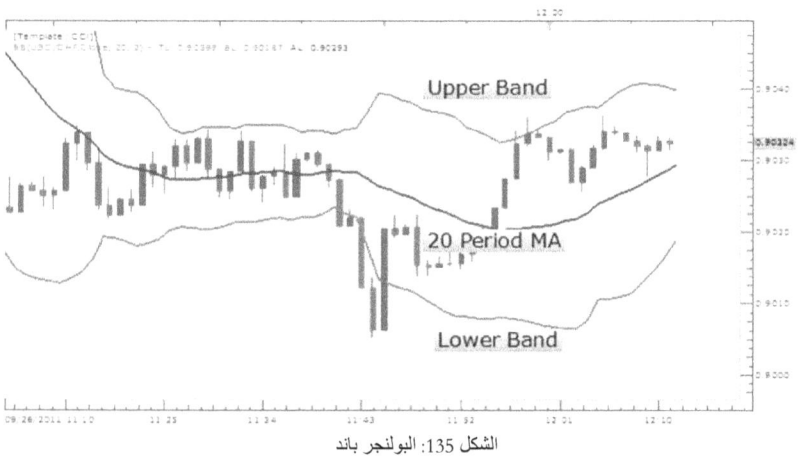

الشكل 135: البولنجر باند

عرض شريط بولينجر (BBW)

عرض شريط بولينجر هو الفرق بين النطاقين العلوي والسفلي مقسوما على النطاق الأوسط. يتم تصوير BBW كسطر واحد. تشير قيم BBW الأعلى إلى حالة ذروة الشراء ، بينما تشير قيم BBW المنخفضة إلى حالة ذروة بيع أكثر.

مكافئ ريال

Parabolic SAR (التوقف والعكس) هو مؤشر تم إنشاؤه بواسطة J. Welles Wilder15 لتحديد اتجاه الاتجاه وتحديد الانعكاسات. على الرسم البياني ، يظهر هذا المؤشر كسلسلة من النقاط. النقاط أسفل السعر صعودية ، بينما النقاط فوق السعر هبوطية. تشير النقاط التي تعبر السعر إلى انعكاس الاتجاه. تعمل Parabolic SARs بشكل أفضل خلال سوق ذات اتجاه قوي ، على عكس سوق التداول المتقلب أو الجانبي. من الأفضل استخدام Parabolic SAR مع المؤشرات الأخرى التي تساعد في تحديد قوة الاتجاهات بدلا من حدوثها.

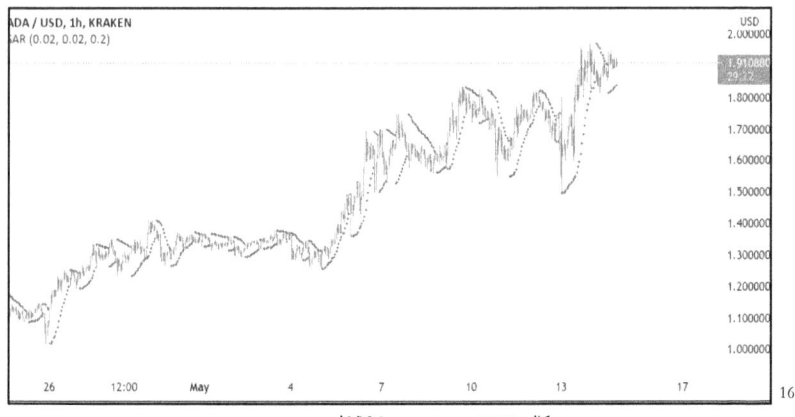

16

شكل 36 مكافئ SAR

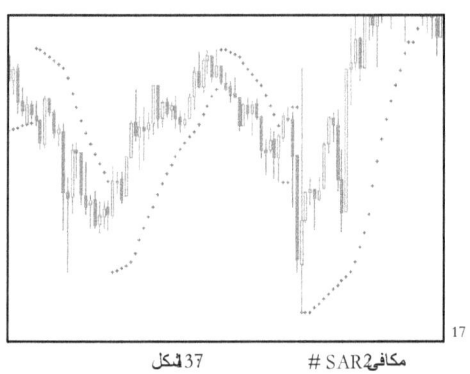

17

شكل 37 مكافئ SAR 2 #

جان

كان ويليام ديلبرت جان (1878-1955) متداولا ماليا معروفا باستخدام الدورات الزمنية والهندسة وأشكال أخرى من الرياضيات للتنبؤ بالأحداث في حركة السعر. فيما يلي بعض القواعد18 من W. D. Gann:[19]

- استخدم دائما أوامر وقف الخسارة.
- قلل التداول بعد خسارتك الأولى ؛ لا تزيد (هذا مذكور أيضا في قسم قواعد التداول).
- لا تشتري أو تبيع لمجرد أن السعر منخفض أو مرتفع.
- لا تفرط في التداول.
- لا تغير موقفا دون سبب وجيه.

غان فان

زوايا جان هي أدوات تعتمد على فكرة أن السوق دوري ، والوقت يؤثر على السعر. تتكون مراوح Gann من خطوط تتضمن نسبا لتحديد الزوايا. النسب هي 1: 8 ، 1: 4 ، 1: 3 ، 1: 2 ، 1: 1 ، 2: 1 ، 3: 1 ، 4: 1 ، و 8: 1. كلها تستند إلى زاوية مركزية تبلغ 45 درجة (بمعنى أن الخط 45 درجة هو 1: 1). يعتبر خط 1: 1 المؤشر الرئيسي للدعم والمقاومة والخطوط الأخرى تعمل أيضا كمؤشرات دعم ومقاومة أقل. يجب دائما وضع الخط 1: 1 على الرسم البياني بزاوية 45 درجة. فيما يلي زوايا جميع خطوط مروحة Gann ال 9 بافتراض النسب الموضحة أعلاه.

1 × 3 = 71.25 درجة	1 × 4 = 75 درجة	1 × 8 = 82.5 درجة
2 × 1 = 26.25 درجة	1 × 1 = 45 درجة	1 × 2 = 63.75 درجة
8 × 1 = 7.5 درجة	4 × 1 = 15 درجة	3 × 1 = 18.75 درجة

18 لديه أيضا بعض القواعد غير التقليدية ، بما في ذلك:

- إذا ارتفع السوق لمدة 5 أيام متتالية ، فمن المحتمل أن يستمر التصحيح لمدة 3 أيام.
- في سوق ذات اتجاه صعودي كبير ، تحدث أدنى مستوياتها الأسبوعية يوم الثلاثاء.
- في سوق ذات اتجاه هبوطي قوي ، عادة ما يتم تحقيق الارتفاعات الأسبوعية يوم الأربعاء. 19 تمت كتابة هذه القواعد على وجه التحديد فيما يتعلق بسوق الأوراق المالية ، ولكنها لا تزال ذات صلة بالعملات المشفرة.

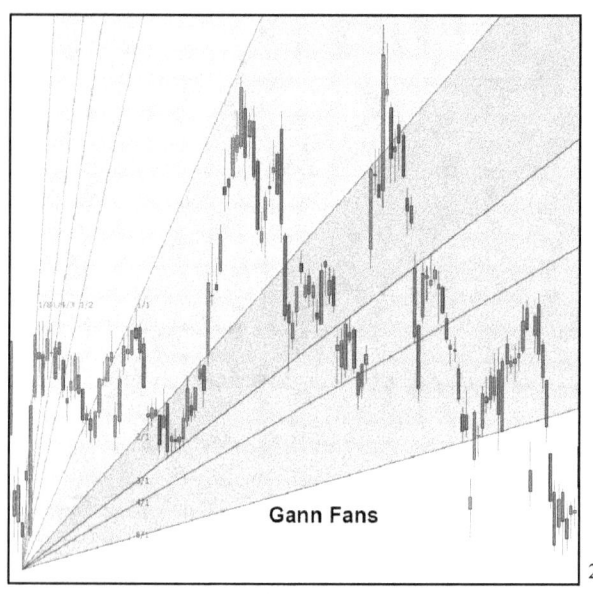

20

38 شكل جان فان
لاحظ النسب.

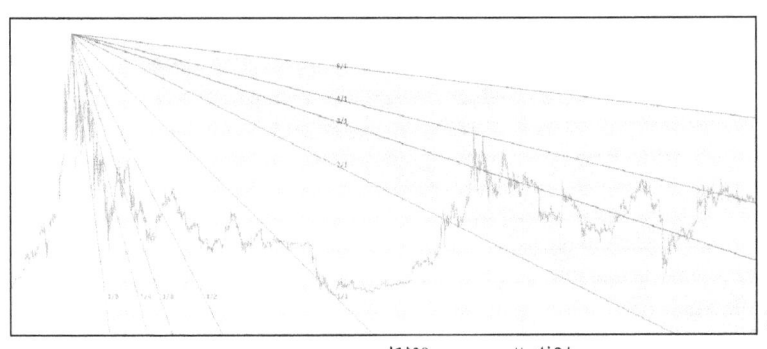

21

جار2فان # 39شكل.

لاحظ الخطوط المرسومة ، وخاصة 1/4 ، التي تشكل الدعم والمقاومة للسعر.

مذراه

مؤشر مذراة القياسي ، المعروف باسم Andrews 'Pitchfork ، هو أداة تسمح بالتحديد السريع للدعم والمقاومة من خلال قنوات الاتجاه. يتم إنشاء مذراة من خلال ثلاث نقاط على الرسم البياني ، وكلها موضوعة في نهاية الاتجاهات السابقة. تمتد الخطوط قطريا لأعلى من النقاط الثلاث ، وتشكل نمط مذراة. يؤدي هذا إلى إنشاء "الخط المتوسط" ومجموعتين أخريين من الخطوط أعلى وأسفل هذا الخط المتوسط. يوضح الرسم البياني أدناه كيف تعمل خطوط مذراة كدعم ومقاومة في الجزء الأيمن العلوي من الرسم البياني. يجب تأكيد اختراق الخط العلوي والسفلي من خلال مؤشرات أخرى يمكنها الحكم على قوة الاتجاه (وشبه الاختراق) بدلا من مجرد المكان الذي يجب أن يحدث فيه هذا الاختراق.

أندروز بيتشفورك (الرسم البياني 140 شكل *(tradingview.com*)

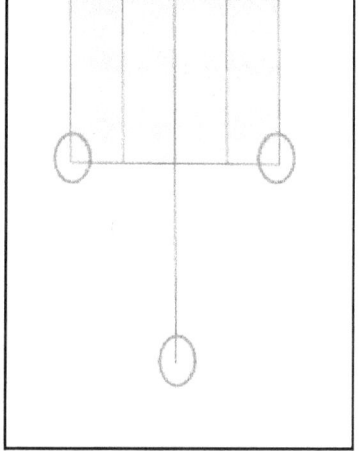

الشكل 141: مذراة أندرو (مرئية) *(tradingview.com)*

شيف بيتشفورك

شيف بيتشفورك مشتق من مذراة أندروز. الفرق هو في موقع نقطة الأصل ، وهو 2/1 من المسافة الرأسية بين النقاط العالية والمنخفضة.

شيف بيتشفورك 134 الشكل 142 (tradingview.com)

فيبوناتشي

من المحتمل أنك سمعت إما عن أرقام فيبوناتشي أو اللولب الذهبي أو تسلسل فيبوناتشي. تملأ أرقام وأدوات فيبوناتشي المرتبة الأولى في سوق المؤشرات وتحافظ على متابعة تشبه العبادة. اخترع ليوناردو بيزا (1180-1250) تسلسل فيبوناتشي ، وهو إيطالي نشأ في شمال إفريقيا خلال العصور الوسطى.[5] كان لقبه فيبوناتشي. كتب عملا بعنوان "Libre Abaci" ، والذي يترجم تقريبا إلى "كتاب الحساب". أشاع الكتاب النظام الحسابي الهندوسي العربي نسبة إلى نظام الأرقام الرومانية القديم. داخل الكتاب ، تم استخدام تسلسل الأرقام التي أصبحت فيما بعد تسلسل فيبوناتشي لحساب نمو عدد الأرانب.[76] السؤال هو: ما عدد أزواج الأرانب في عام واحد، بافتراض أن زوجا أوليا واحدا من الأرانب ينتج زوجا آخر من الأرانب كل شهر بعد فترة العقم التي تستغرق شهرا واحدا؟ (على افتراض أن كل زوج يتكاثر إلى أجل غير مسمى). والنتيجة هي معادلة تجمع مجموع الحدين السابقين للحصول على الحد التالي:

$$F(n) = F(n) + F(n-1)$$

لذلك ، بدءا من 1 زوج من الأرانب ، يترتب على ذلك ما يلي:

---

[5] قد يكون اسمه ، من خلال مصادر أولية مختلفة ، ليوناردو فيبوناتشي أو ليوناردو بوناتشي أو ليوناردو بيسانو.

[6] لم يعتبر فيبوناتشي نفسه حساباته مهمة. بدلا من ذلك ، في عام 1877 ، نشر عالم الرياضيات إدوارد لوكاس دراسات تتضمن التسلسل الذي أطلق عليه "تسلسل فيبوناتشي" تكريما للمؤلف الأصلي.

[7] الزوج الأولي من الأرانب هو العقم للشهر الأول ، وبالتالي 1 المتكررة.

زائد 3 =	2 زائد 3 =	3 = 2 +1	1 زائد 1 =	0 زائد 1 =	1 + 0 =
	5		2	1	124
89 + 5 =	55 + 34 =	34 + 21 =	21 + 13 =	13 + 8 =	8 زائد 5
14	89	55	34	21	= 13

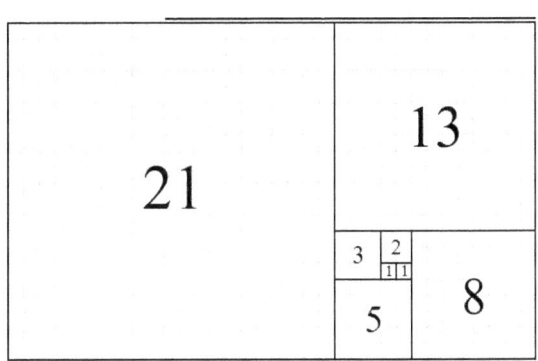

الشكل 143: الأرقام الذهبية

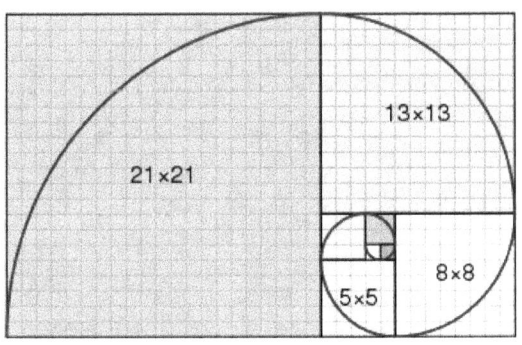

الشكل 144: دوامة فيبوناتشي

يسمى التسلسل الناتج والمعادلة (جمع المصطلحين السابقين) تسلسل فيبوناتشي. اللولب الذهبي ، بدوره ، مشتق من تسلسل فيبوناتشي. يتضمن كل من دوامة فيبوناتشي والأرقام الذهبية "النسبة الذهبية" عند 1.618. تم العثور على تسلسل فيبوناتشي والنسبة الذهبية في جميع أنحاء العالم الطبيعي وثبت أنهما نمط طبيعي ، حيث تم العثور عليهما في أكواز الصنوبر والزهور والفواكه والخضروات المختلفة ومستعمرات نحل العسل وحتى جسم الإنسان. ومنذ ذلك الحين تم العثور على أرقام فيبوناتشي للسيطرة على سوق الأسهم. تتضمن جميع الأدوات المتعلقة بسوق فيبوناتشي خط اتجاه (غالبا ما يكون متعددا) مرسوما بين نقطتين وتشير إلى الدعم والمقاومة.

تصحيح فيبوناتشي

ترسم أداة تصحيح فيبوناتشي خطوط التصحيح وفقا لتسلسل فيبوناتشي. الارتداد هو تراجع طفيف أو تغيير في الاتجاه ، لذا فإن خط التصحيح هو خط يشير إلى المكان الذي من المحتمل أن يحدث فيه الدعم والمقاومة (وبالتالي ، التراجعات والتغيير في الاتجاه). يتم إنشاء ارتدادات فيبوناتشي عن طريق رسم خط اتجاه بين نقطتين (عادة ما تكون منخفضة وعالية ، أو العكس). ثم يتم رسم ستة خطوط أفقية تلقائيا عند نقاط تتقاطع مع خط الاتجاه الأصلي. تحدث نقاط الاعتراض هذه عند مستويات فيبوناتشي 0.0٪ و 23.6٪ و 38.2٪ و 50٪ و 61.8٪ و 100٪ (في شكل كسر: 0 و 0.236 و 0.382 و 0.5 و 0.618 و 1). تحدد هذه الخطوط مناطق الدعم والمقاومة المحتملة.

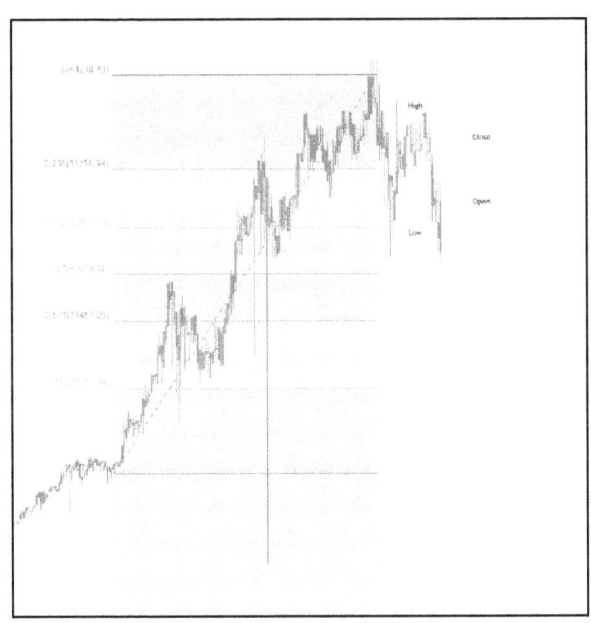

الشكل 145: تصحيح فيبوناتشي135 *(tradingview.com)*

مراوح فيبوناتشي

تتشابه خطوط مروحة فيبوناتشي مع تصحيح فيبوناتشي. أولا، يتم رسم خط الاتجاه بين نقطتين (عادة نقطة متطرفة ـ إما قمة أو قاع). بعد ذلك، يتم رسم أربعة خطوط اتجاه من النقطة الأولية وتمر عبر خط عمودي غير مرئي أسفل النقطة القصوى الثانية عند مستويات نسبة فيبوناتشي الموصوفة سابقا.

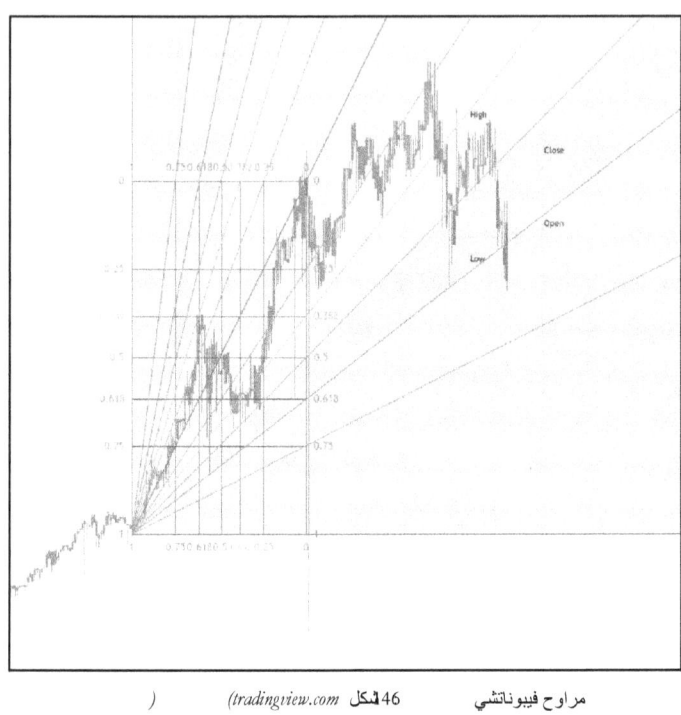

مراوح فيبوناتشي   146الشكل (tradingview.com   )

أقواس فيبوناتشي

أقواس فيبوناتشي هي أنصاف دوائر تمتد للخارج من خط عمودي يمتد من النقطة الثانية من النقطتين المتطرفتين. يتم رسم أقواس نصف الدائرة عند نقاط تهم خط الاتجاه عند مستويات فيبوناتشي.

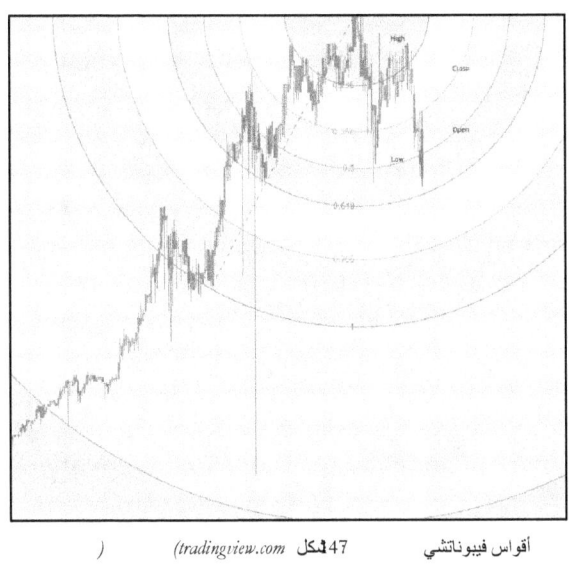

أقواس فيبوناتشي 147شكل (tradingview.com)

أدوات فيبوناتشي الأخرى:

إسفين فيبوناتشي - مجموعة من الأقواس القائمة على فيبوناتشي.

قناة فيبوناتشي - خطوط الاتجاه المتوازية القائمة على فيبوناتشي.

دوائر فيبوناتشي - دائرة قائمة على فيبوناتشي ذات 11 طبقة.

مناطق فيبوناتشي الزمنية - خطوط عمودية تمثل الحركة المحتملة بناء على زيادات الوقت المستندة إلى فيبوناتشي.

المتوسط المتحرك (MA)

المتوسطات المتحركة هي مؤشرات متأخرة تشير إلى الدعم والمقاومة والزخم من خلال خط واحد سلس محسوب وفقا لإطار زمني. ومن ثم ، يمكن للمرء أن يقول "المتوسط المتحرك لمدة 5 أيام" أو "المتوسط المتحرك لمدة 100 يوم". في كثير من الأحيان ، يتم استخدام المتوسطات المتحركة في أزواج. في مثل هذه الحالات ، تشير عمليات الانتقال إلى تغير في الزخم (إيجابي إذا تجاوز المتوسط المتحرك قصير المدى فوق المتوسط المتحرك طويل الأجل وسالب إذا انخفض المتوسط المتحرك قصير المدى إلى ما دون المتوسط المتحرك طويل الأجل). المتوسطات المتحركة الأسية (EMAs) هي المتوسطات المتحركة التي تولي أهمية أكبر لحركة السعر الأخيرة ، وبالتالي إنشاء خط إشارة يرتبط ارتباطا وثيقا بالسعر.

المتوسطات المتحركة 25 الشكل 148

المذبذبات

مؤشرات التذبذب ، للتلخيص ، بناء حد أعلى وسفلي وتوفير رقم يتقلب ضمن هذه الحدود. سألاحظ بسرعة أنهم ينطقون "c - awe-silaters" صامت. عادة ما يمثل الحد الأعلى حالة ذروة الشراء ، بينما يمثل الحد الأدنى حالة ذروة البيع (عادة ما تكون الحدود مضاعفات 10). لذلك ، كلما ارتفع الخط ، زاد بيعه ، وكلما انخفض الخط ، زاد شرائه. سنغطي 15 مذبذبا ، وكلها مرتبة بشكل فضفاض حسب الشعبية:

¨مؤشر القوة النسبية (RSI)
¨تباعد تقارب المتوسط المتحرك (MACD)
¨مذبذب ستوكاستيك (SO)
¨ مؤشر القوة الحقيقية (TSI)
¨ مؤشر تدفق الأموال (MFI)
¨ مؤشر قناة السلع (CCI)
¨مذبذب كلينجر (KO)
¨مذبذب سعر النسبة المئوية (PPO)
¨مذبذب حجم النسبة المئوية (PVO)
¨مذبذب تشايكين (CO)
¨مذبذب SMI Ergodic (SMIEO)
¨مذبذب السعر غير الموجه (DPO)
¨مذبذب الزخم شاندي (CMO)
¨المذبذب النهائي (UO)
¨مذبذب رائع (AO)

أطلب منكم أن تجعلوا هذه عملية معقدة. اخترت فقط عرض الرسوم البيانية لكل مذبذب ، وليس الرسم البياني الذي يعتمد عليه المذبذب ، لتوفير المساحة. ومع ذلك ، فهي تجربة أفضل بكثير إذا قمت بسحب مخططات مجانية وتجربة كل مذبذب أثناء عرض الرسم البياني في نفس الوقت.

مؤشر القوة النسبية (RSI)

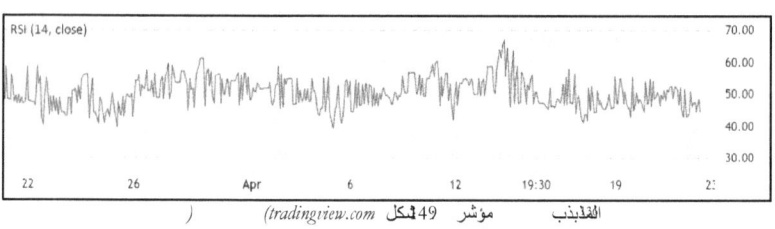

المذبذب مؤشر الشكل 149 (tradingview.com)

مؤشر القوة النسبية ، الذي تم تطويره في الأصل بواسطة J. Welles Wilder Jr. في عام 1978 ، هو مذبذب زخم يقيس قوة أو ضعف اتجاهات الأسعار. يتداول مؤشر القوة النسبية في نطاق من 0 إلى 100 ؛ تشير القيمة التي تزيد عن 70 إلى حالة ذروة الشراء وتشير إلى تراجع وارد ، بينما تشير القيمة الأقل من 30 إلى حالة ذروة البيع وتشير إلى انعكاس صعودي. للتبسيط: الأعلى هبوطي ، بينما الأدنى صعودي. في الرسم البياني أدناه ، تشير الدوائر الحمراء إلى ظروف ذروة الشراء (وبالتالي إشارات البيع) ، بينما تشير الدوائر الخضراء إلى ظروف ذروة البيع (إشارات الشراء).

مذبذب 2 مؤشر القوة النسبية # 150 شكل (tradingview.com)

تباعد تقارب المتوسط المتحرك (MACD)

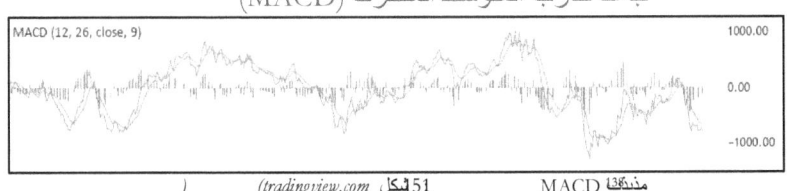

مذبذب MACD شكل 151 (tradingview.com)

MACD هو مذبذب زخم شائع (إن لم يكن الأكثر شيوعا) يستخدم لتحديد اتجاهات الأسعار. تحتوي مخططات MACD على خطين (أعلاه ، الخط الأزرق والأصفر) ومدرج تكراري. الخطان هما MACD وخط الإشارة. تم العثور على MACD عن طريق طرح EMA لمدة 26 يوما من EMA لمدة 12 يوما وخط الإشارة هو EMA لمدة 9 أيام. تشير عمليات الانتقال بين هذين الخطين إما إلى حركة هبوطية أو حركة صعودية - صعودية عندما يعبر MACD فوق خط الإشارة ، وهبوطية عندما يمر MACD أسفل خط الإشارة. تعرض مخططات MACD أيضا مدرجا تكراريا (يشبه الحجم ، لكنه ليس كذلك). يعرض الرسم البياني المسافة بين MACD وخط الإشارة. إذا كان MACD فوق خط الإشارة (تذكر ، حركة صعودية) ، يكون الرسم البياني أعلى من خط الأساس ، كما هو موضح باللون الأخضر. إذا كان MACD أسفل خط الإشارة ، يكون الرسم البياني أسفل خط الأساس ، باللون الأحمر. يشير ارتفاع الرسم البياني إلى قوة أو ضعف الاتجاه واحتمال الانعكاس. غالبا ما يتم دمج MACD مع مؤشر القوة النسبية (أعلاه مباشرة) ، مما يوفر نظرة أكثر شمولا على ظروف ذروة الشراء / ذروة البيع والزخم. في الرسم البياني أدناه

، لاحظ عمليات الانتقال (صعودي باللون الأخضر وهبوطي باللون الأحمر) ولاحظ كيف يوفر الانحراف في الرسم البياني معلومات عن قوة الاتجاه.

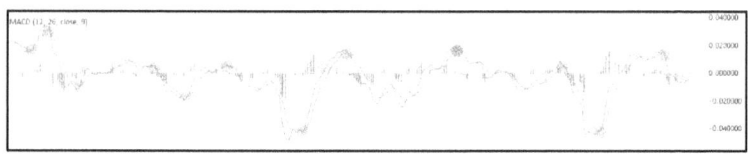

الشكل 152: مذبذب MACD # 2139 *(tradingview.com)*

مذبذب ستوكاستيك (SO)

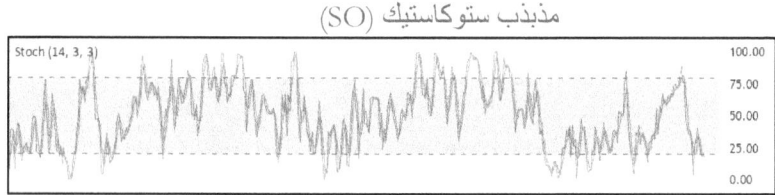

الشكل 153: مذبذب ستوكاستيك 140 *(tradingview.com)*

مؤشر ستوكاستيك هو مؤشر زخم آخر تم تطويره في خمسينيات القرن العشرين من قبل جورج لين ، مثل مؤشر القوة النسبية ، يتذبذب في نطاق من 0 إلى 100. يولد SO معلومات حول ظروف ذروة الشراء مقابل ذروة البيع. نظرا لأنه لا يعتمد على السعر أو الحجم ، فقط السرعة والزخم ، فإن مؤشر ستوكاستيك هو مؤشر رائد للتنبؤ بالاتجاهات والانعكاسات قبل حدوثها يعمل هذا لأن التغييرات في الزخم غالبا ما تنذر بالاتجاهات قبل حدوث هذه الاتجاهات. على غرار مؤشر القوة النسبية ، يستخدم مؤشر ستوكاستيك نطاقا للإشارة إلى ظروف ذروة الشراء والبيع ، والتي تعمل تماما مثل 30/70 على مؤشر القوة النسبية ولكن تصادف أنها 80 و 20. يتم استخدام العديد من الاختلافات في مذبذب ستوكاستيك: مؤشر ستوكاستيك السريع ، وهو أكثر تقلبا وأكثر تقلبا. مؤشر ستوكاستيك البطيء ، الذي يتم تنعيمه باستخدام SMA ؛ ومؤشر ستوكاستيك الكامل ، كما هو موضح في الصور أعلاه وأدناه.

153

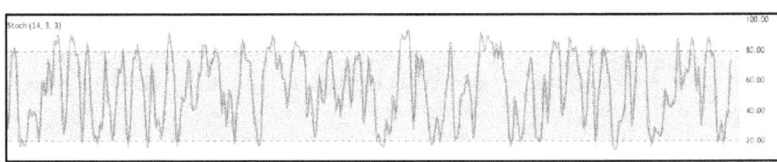

الشكل 154: مذبذب ستوكاستيك # 2141 (tradingview.com)

مؤشر القوة الحقيقية (TSI)

الشكل 155: مذبذب تعالا (tradingview.com)

مؤشر القوة الحقيقية هو مذبذب زخم تم إنشاؤه في عام 1991 بواسطة William Blau. يمكن استخدام TSI لتحديد ضغط البيع والشراء (بمعنى نفس مستويات ذروة الشراء والبيع) ، بالإضافة إلى قوة ومدة الاتجاهات. يعتمد TSI حول خط الوسط (منقط). تشير القيمة الموجبة (أي شيء فوق خط الوسط) إلى الزخم الإيجابي ، بينما تشير القيمة السلبية إلى الزخم السلبي. الخطان الآخران داخل الرسم البياني TSI يشبهان MACD. أحدهما هو خط الإشارة ، والآخر هو مؤشر TSI. عندما يعبر TSI تحت خط الإشارة ، فإنه يتوقع اتجاها هبوطيا ، بينما يكون تقاطع TSI فوق خط الإشارة صعوديا. لذلك ، تعد عمليات الانتقال طريقة رائعة لاستخدام TSI ، وطريقة أخرى هي عرض مستويات ذروة الشراء والبيع ، والتي تختلف حسب الأصل. يمكنك تحديد هذه المستويات من خلال النظر لمعرفة القيم (على سبيل المثال ، 30+ أو 20+ أو 15+) التي أدت تاريخيا إلى التراجع والعكس صحيح. الاختلاف هو أيضا مفهوم مهم داخل TSI. الاختلاف هو درجة الفصل بين السعر والمؤشر. على سبيل المثال ، يمكن توضيح الاختلاف إذا انخفض مؤشر TSI بشدة بينما يتحرك السعر صعودا. يحدث الاختلاف الصعودي عندما ينخفض السعر بينما يرتفع مؤشر TSI ، ويحدث الاختلاف الهبوطي عندما يرتفع السعر بينما ينخفض TSI.

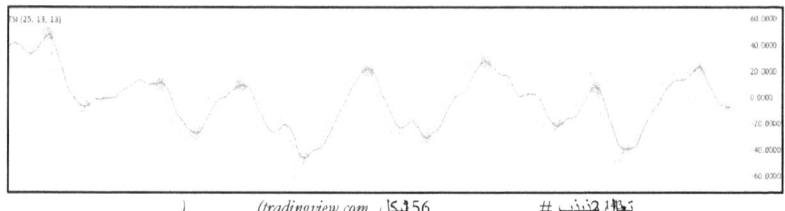

(tradingview.com الشكل 156 مذبذب # 2 تحالف

مؤشر تدفق الأموال (MFI)

MFI144 الشكل 157: مذبذب *(tradingview.com)*

مؤشر تدفق الأموال هو مذبذب فني يقيس ظروف ذروة الشراء والبيع من خلال مزيج من السعر والحجم. يمكن أيضا تسمية MFI بمؤشر القوة النسبية المرجح بالحجم لأن الاثنين يستخدمان نفس الصيغة الأساسية ويختلفان فقط من خلال دمج الحجم. تشير القيمة التي تزيد عن 80 إلى سعر ذروة الشراء ، بينما تشير القيمة الأقل من 20 إلى سعر ذروة البيع. لحذف الإشارات الخاطئة ، يفضل بعض المتداولين استخدام حد أعلى 90 وحد أدنى 10. يمكن أيضا التنبؤ بحركة السعر من خلال الاختلاف ، كما هو الحال في TSI (يسار). إنها علامة سيئة إذا كان السعر يتحرك صعودا ومؤشر MFI يتحرك لأسفل ، بينما إذا كان السعر يتحرك لأسفل ومؤشر MFI يتحرك صعودا ، فهذه علامة جيدة. من الأفضل استخدام مؤشر MFI مع مؤشرات الزخم الأخرى ، مثل مؤشر القوة النسبية RSI و TSI.

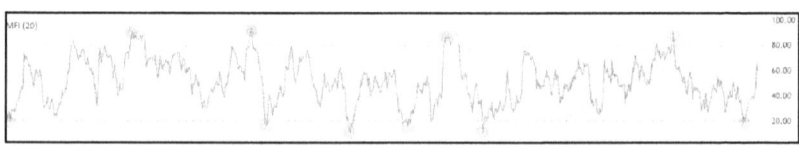

MFI # 2145 الشكل 158: مذبذب *(tradingview.com)*

مؤشر قناة السلع (CCI)

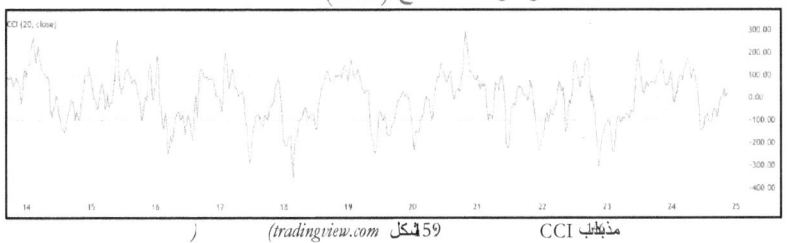

مذبذب CCI الشكل 159 (tradingview.com)

مؤشر CCI هو مذبذب زخم متأخر طوره دونالد لامبرت في عام 1980 للإشارة إلى مستويات ذروة الشراء والبيع من خلال قياس الفرق بين الأسعار الحالية والتاريخية. لا يوجد لدى CCI حدود محددة (مثل "0" و "100" داخل مؤشر القوة النسبية) ويسمى مذبذب غير محدود. لهذا السبب ، يتم تحديد ظروف ذروة الشراء / ذروة البيع وتغييرها بناء على البيانات التاريخية فقط. عادة ، يتم تحديد هذه الشروط عندما تكون خارج نطاق +100 أو -100. لذلك ، تشير القيمة التي تزيد عن 100 إلى حالة ذروة الشراء ، بينما تشير القيمة الأقل من -100 إلى حالة ذروة البيع. كان الهدف من CCI في الأصل هو توليد إشارات بيع وشراء عند تجاوز حدود +100 / -100 ثم تداولها عندما بلغت القيمة ذروتها وبدت الانعكاسات وشيكة. ضع في اعتبارك أنه على الرغم من أنه دقيق بشكل عام ، إلا أنه مؤشر متأخر ، لذلك قد يفوت الاتجاهات. من الأفضل استخدام مؤشر CCI جنبا إلى جنب مع خطوط الاتجاه والمتوسطات المتحركة.

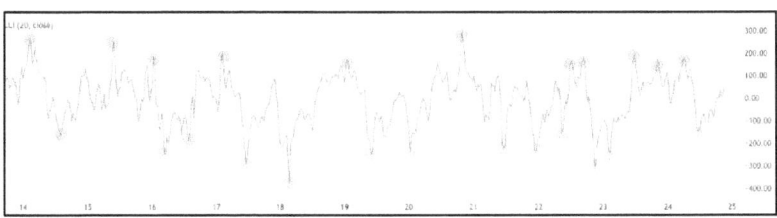

الشكل 160: مذبذب CCI # 2147 (tradingview.com)

مذبذب كلينجر (KO)

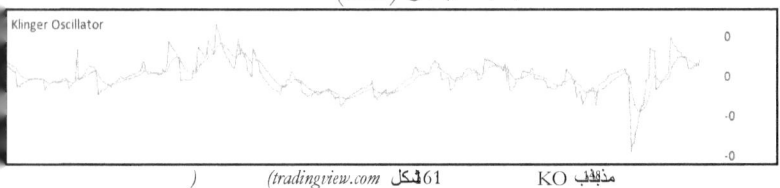

مذبذب KO شكل 161 (tradingview.com)

مذبذب Klinger هو مؤشر حجم مبسط أنشأه Stephen J. Klinger متخصص في تحديد اتجاهات تدفق الأموال طويلة الأجل (بينما لا يزال يتنبأ بالتحركات قصيرة الأجل). إنه يعمل عن طريق مقارنة الحجم (قوة الحجم) بحركة السعر (EMAs) ثم تبسيط النتائج إلى مذبذب يتقلب تحت الصفر وفوقه. يمكن استخدام الخطين ، عادة الأحمر والأزرق ، كإشارات إما أثناء تقاطعات خط الوسط (عبور الصفر) أو عمليات التقاطع. التقاطع فوق خط الإشارة هو مؤشر صعودي ، في حين أن التقاطع أسفل خط الإشارة هو مؤشر هبوطي. وتجدر الإشارة إلى الاختلاف؛ إنه لأمر جيد إذا كان Klinger إيجابيا والسعر ينخفض ، بينما ليس جيدا إذا كان العكس. نظرا للعديد من الإشارات الخاطئة التي قد تتكبدها ، فمن الأفضل دمجها (بناء على بحث Al Hill) مع مذبذب ستوكاستيك و / أو مكافئ SAR و / أو متوسطين متحركين.

مذبذب KO #23 شكل 162 (tradingview.com)

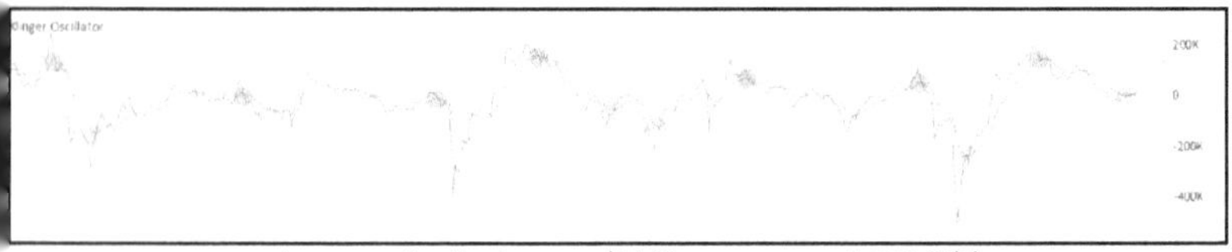

[26] يتم تطبيق إشارات البيع والشراء المميزة فقط للتأثير. تعرض النقاط الحمراء والخضراء على الرسم البياني بالفعل عمليات الانتقال.

مذبذب سعر النسبة المئوية (PPO)

مذبذب PPO الشكل 163 (tradingview.com)

PPO هو مؤشر زخم مشابه ل MACD ، باستثناء أن MACD يقيس الفرق المطلق بين اثنين من EMAs ، بينما يقيس PPO النسبة المئوية للفرق. هذا يجعل PPO قابلا للمقارنة بين أصول متعددة بأسعار مطلقة مختلفة ، على عكس MACD. مثل MACD ، يولد PPO إشارات شراء من خلال عمليات الانتقال. عندما يعبر خط PPO فوق خط الإشارة ، فهو شراء ، وعندما يعبر أسفل خط الإشارة ، فهو بيع. الخطان بالنسبة لخط الوسط مهمان. فوق الصفر يعتبر صعوديا ، بينما تحت الصفر يعتبر هبوطيا. يعرض الرسم البياني الاختلاف (المسافة بين PPO والإشارة

خط).

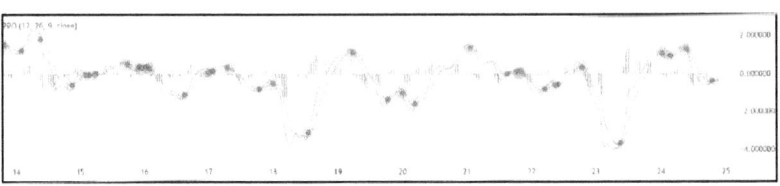

الشكل 164: مذبذب PPO # 2[150] (tradingview.com)

مذبذب حجم النسبة المئوية (PVO)

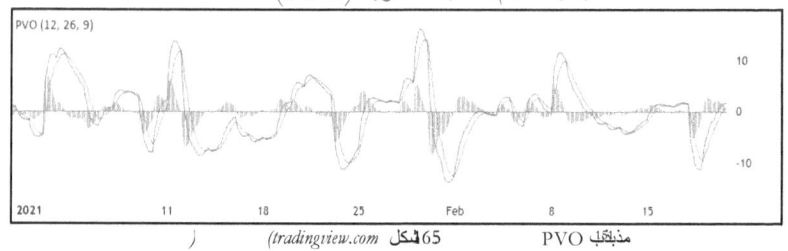

مذبذب PVO الشكل 165 (tradingview.com)

PVO هو مذبذب الزخم. كما هو الحال مع MACD ، يتم تمثيل PVO كخط مركزي ، وخطين (أحدهما ، PVO ، والثاني ، خط الإشارة) ، ورسم بياني. عمليات الانتقال بين خط الإشارة ، وهو EMA لمدة 9 أيام من PVO ، و PVO ؛ وهو حجم EMA لمدة 12 يوما (VEMA) مطروح من VEMA لمدة 26 يوما مقسوما على فترة VEMA الأطول مضروبة في 100 ، يتم استخدامه كمؤشرات تأكيد لدعم إشارات الاختراق. تشير تقاطعات خط الوسط إلى أنه إذا كان أعلى من الصفر ، يكون الحجم أعلى من المتوسط ، وإذا كان أقل من الصفر ، يكون الحجم أقل من المتوسط. كما هو الحال مع MACD ، يمثل الرسم البياني ل PVO الاختلاف. من الأفضل استخدام PVO مع دعم واحد أو عدة دعم مؤشر.

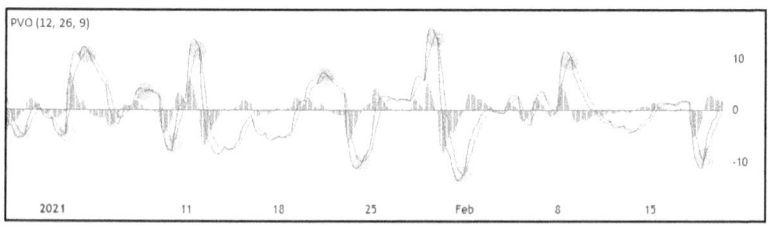

PVO الشكل 166: مذبذب *(tradingview.com)*

2152

مذبذب تشايكين (CO)

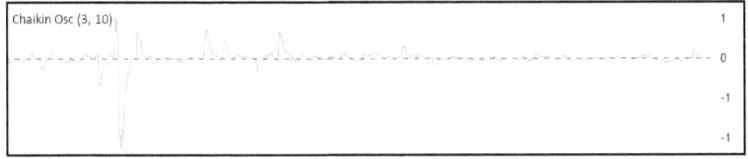

مذبذب ثاني أكسيد الكربون167لشكل (tradingview.com)

يقيس مذبذب Chaikin ، الذي أنشأه Marc Chaikin (مؤسس Chaikin Analytics) ، زخم خط توزيع التراكم (ADL هو مؤشر يقيس العرض والطلب الأساسيين) ل MACD. إنه مؤشر رائد مصمم للتنبؤ بالزخم واتجاهات الأسعار. يتم تمثيل ADL كخط الوسط في الرسوم البيانية Chaikin ، ويتم العثور على القيمة (الخط) بطرح EMAs لمدة 10 أيام و 3 أيام. يتم إنشاء إشارات البيع والشراء باستخدام عمليات الانتقال في خط الوسط عبر ADL (شراء) وعمليات الانتقال في خط الوسط تحت ADL (بيع). بالإضافة إلى ذلك ، يشير الاختلاف الإيجابي (بمعنى أن المذبذب يتحرك صعودا بينما يتحرك السعر لأسفل) إلى اتجاه صعودي ، ويشير ارتفاع السعر جنبا إلى جنب مع مذبذب هبوطي إلى اتجاه هبوطي. يمكنك أيضا التداول وفقا لنطاق معين (على سبيل المثال ، >0 = شراء ، <0 = بيع). من الأفضل استخدام مذبذب Chaikin مع MACD أو RSI.

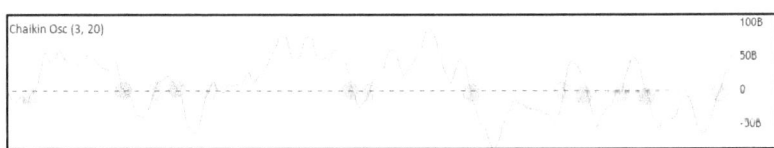

الشكل 168: مذبذب ثاني أكسيد الكربون # 2154 (tradingview.com)

مذبذب SMI ERGODIC (SMIEO)

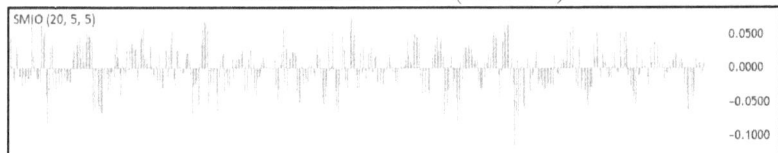

SMIEO 155 الشكل 169: مذبذب *(tradingview.com)*

SMIEO هو مذبذب غير معروف يرسم الفرق بين مؤشر SMI Ergodic وخط الإشارة كرسم بياني. في المقابل ، فإن مؤشر SMI Ergodic (SMIEI) هو نفسه مؤشر القوة الحقيقية (TSI) ، باستثناء أنه يتضمن خط إشارة يمكن من خلاله إنشاء إشارات التقاطع. ثم يتم استخدام إشارات التقاطع هذه لإنشاء SMIEO. كما هو الحال مع معظم استراتيجيات التقاطع ، فإن التقاطع السلبي (أسفل خط الوسط) سيء ، والتقاطع الإيجابي (فوق خط الوسط) جيد. لذلك ، عند تطبيقه على الرسم البياني ، كلما زادت القيمة ، كان ذلك أفضل ، وكلما انخفضت القيمة ، كان ذلك أسوأ. يمكن استخدامه كمؤشر تأكيد (لتحديد قوة الاتجاهات) ويفضل استخدامه مع مؤشر رئيسي أو مذبذب ، مثل مؤشر القوة النسبية أو مؤشر ستوكاستيك المذبذب.

مذبذب السعر غير المتجه (DPO)

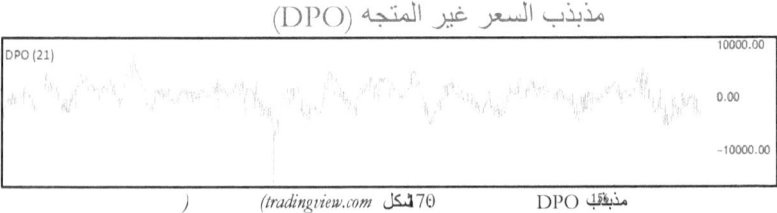

مذبذب DPO 156 الشكل 170 (tradingview.com)

DPO هو مذبذب سعر متأخر (تماما مثل مذبذب النسبة المئوية للسعر المفصل أعلاه) يحاول إزالة الاتجاهات قصيرة الأجل من السعر من أجل تحليل الأنماط

الدورية طويلة الأجل. يمكن تحديد الدورات عن طريق حساب عدد الفترات (على سبيل المثال ، 1 يوم ، 1 شهر ، إلخ) بين القمم أو القيعان. القمم والقيعان هي ببساطة نقاط عالية ونقاط منخفضة. يمكن تداول هذه المعلومات لأنه ، على سبيل المثال ، قد تحدد أن قمم (ارتفاعات) جديدة يتم الوصول إليها كل ثلاثة أشهر تقريبا على سعر معين. سيكون من السهل بعد ذلك التداول على تلك المعلومات. بهذه الطريقة ، يمكن أن يكون تحديد الدورات العامة داخل DPO مفيدا للغاية. من الأفضل استخدامه مع مؤشرات أخرى.

* في مخطط (BTC) Bitcoin هذا ، يمكن ملاحظة أن القيعان يتم تسجيلها كل شهرين تقريبا ، وبعد ذلك تستأنف فرقعة سريعة الاتجاه الصعودي العام. ومع ذلك ، تجدر الإشارة أيضا إلى أنه لا يمكن التنبؤ بالاتجاه الصعودي العام الهائل فقط من خلال DPO. مع استقرار صناعة التشفير بأكملها وظهور أنماط دورية ، ستصبح مثل هذه المؤشرات أكثر انتشارا.

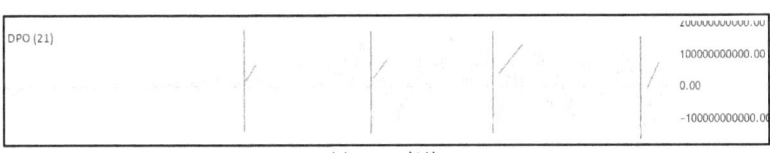

الشكل 171: مذبذب DPO # 2157 *(tradingview.com)*

مذبدب الزخم CHANDE (CMO)

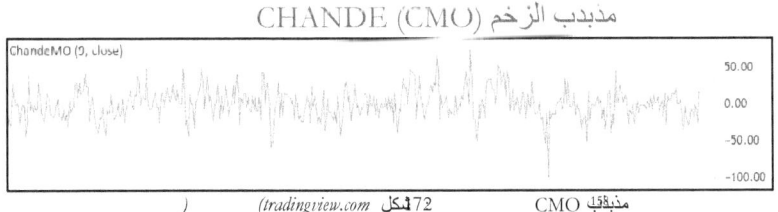

مذبذب CMO الشكل 172 *(tradingview.com*)

يستخدم مذبذب الزخم Chande (الذي طوره Tushar Chande في عام 1994) الزخم لتحديد قوة السعر أو عدمه. يعمل CMO ضمن نطاق -100 و +100 ؛ بشكل عام ، تعتبر أي قيمة تزيد عن 50 في منطقة ذروة الشراء ، وتعتبر القيم الأقل من 50 في ذروة البيع. في كثير من الأحيان ، يتم إضافة المتوسط المتحرك لمدة 10 أيام أو 12 يوما إلى CMO كخط إشارة. الاختلاف مهم أيضا. يكون السعر الهبوطي صعوديا إذا تم دمجه مع CMO في الاتجاه الصعودي والعكس صحيح. يجب استخدام CMO مع التأكيد

المؤشرات.

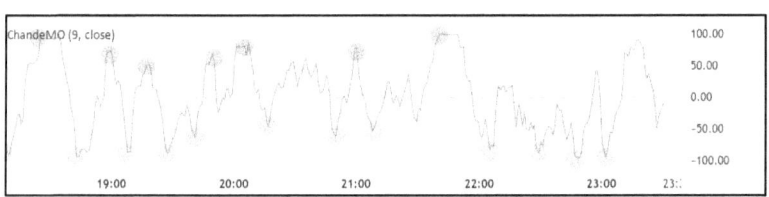

(tradingview.com) الشكل 173: مذبذب CMO #

2159

المذبذب النهائي (UO)

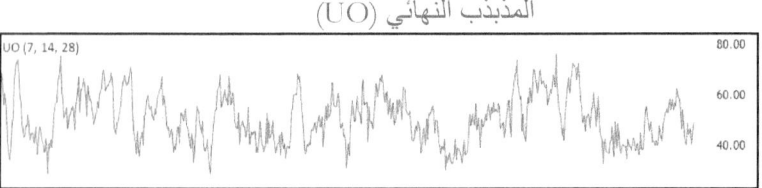

(tradingview.com) الشكل 174: المذبذب النهائي160

يهدف المذبذب النهائي ، الذي أنشأه لاري ويليامز في عام 1976 ، إلى قياس زخم السعر (ضغط الشراء والبيع) عبر ثلاث فترات مختلفة (7 أيام و 14 يوما و 28 يوما). يتم ترجيح الفترات الثلاث ومتوسطها ، مما ينتج عنه مؤشر أقل تقلبا وعدد أقل من الإشارات الخاطئة (بالإضافة إلى عدد أقل من الإشارات بشكل عام). يعمل UO ضمن نفس قواعد مؤشر القوة النسبية: حدود 0 و 100 ، مع أقل من 30 تشير إلى حالة ذروة البيع ، وأكثر من 70 تشير إلى حالة ذروة الشراء. يقترح ويليامز

عدة خطوات لتأكيد إشارة الشراء ؛ على الرغم من أنه لن يتم تغطيتها في الوقت الحالي ، إلا أنها مفيدة في إدارة المخاطر وتأكيد الإشارة بشكل نهائي. إذا كنت مهتما ، أقترح عليك البحث عن "لاري ويليامز ثلاث خطوات".

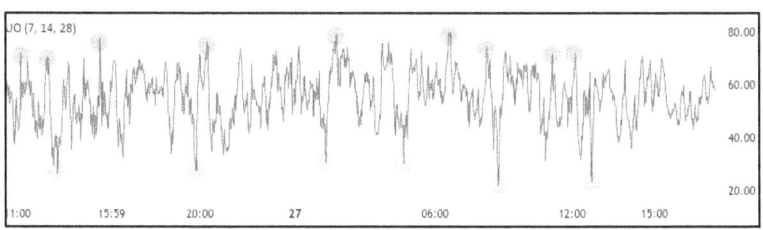

الشكل 175: المذبذب النهائي # 2[161] (tradingview.com)

مذبذب رائع (AO)

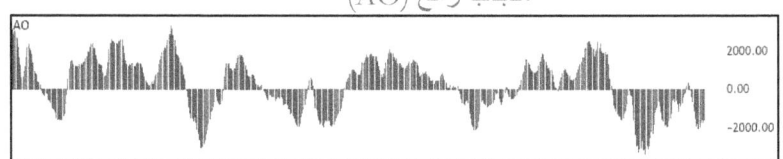

الشكل 176: مذبذب رائع[162] (tradingview.com)

المذبذب الرائع هو مؤشر زخم أنشأه بيل ويليامز (لا علاقة له بلاري ويليامز) يهدف إلى تحديد ما إذا كان الثيران أو الدببة يسيطرون على السوق أو الأصل. يتم رسم AO كرسم بياني ويمكن استخدامه بسهولة أكبر من خلال مراقبة تقاطعات خط الوسط (المعروف أيضا باسم خط الصفر). عندما تكون قيمة المذبذب أعلى من الصفر ، يكون الدببة مسيطرين والعكس صحيح. لذلك ، يمكن إنشاء إشارات البيع والشراء كلما تم عبور خط الوسط لأعلى (شراء) أو لأسفل (بيع). يشير الاختلاف في AO إلى انعكاس. نظرا للقيود والعديد من الإشارات الخاطئة التي يولدها AO ، يجب استخدامه جنبا إلى جنب مع العديد من التأكيدات الأخرى المؤشرات.

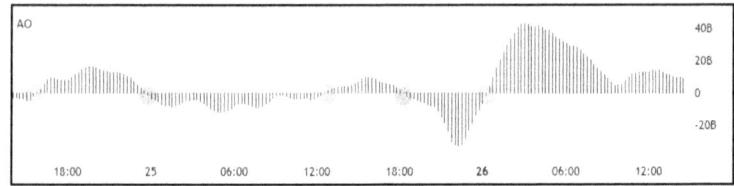

الشكل 177: مذبذب رائع # 2163 *(tradingview.com)*

ESSENTIAL: OSCILLATORS

يقدم هذا القسم ملخصا لأهم أربعة مؤشرات تذبذب من أصل الخمسة عشر أعلاه. كلها شائعة وتوفر إشارات دقيقة نسبيا. ومع ذلك ، لا تنس أن العديد من الرسوم البيانية الأخرى في القائمة أعلاه تحمل قيمة. أقترح أن تجربهم جميعا في مرحلة ما خلال أنشطة التداول الخاصة بك.

مؤشر القوة النسبية

مؤشر القوة النسبية (RSI) RSI هو مذبذب زخم يقيس قوة أو ضعف اتجاهات الأسعار ، وبالتالي تشابه الانعكاسات. يتم تداول مؤشر القوة النسبية ضمن نطاق من 0 إلى 100: تشير القيمة التي تزيد عن 70 إلى حالة ذروة الشراء (بيع) ، وتشير القيمة الأقل من 30 إلى حالة ذروة البيع (الشراء).

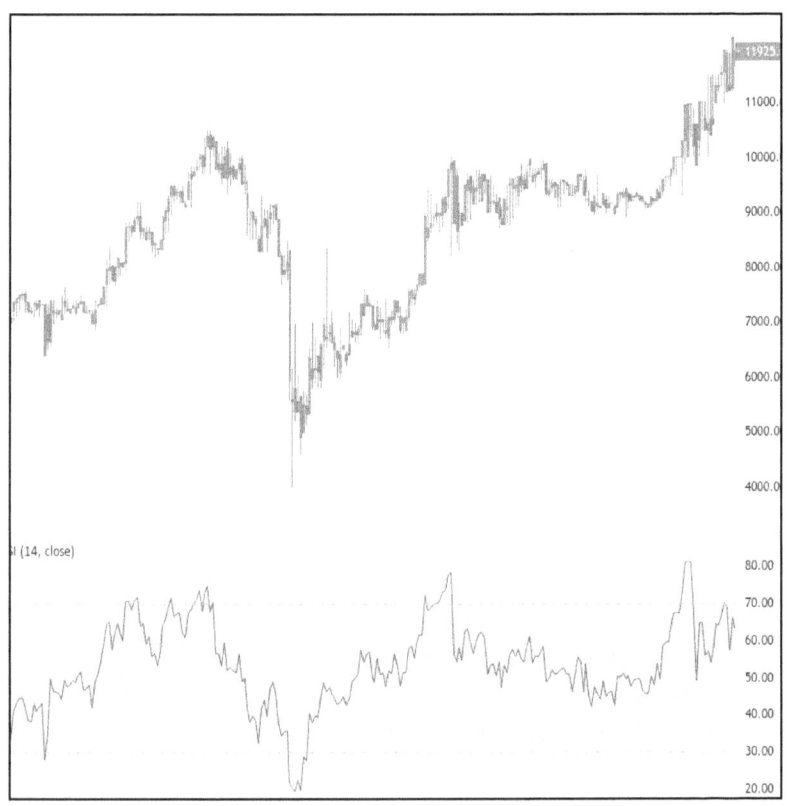

الشكل 178: مذبذب مؤشر القوة *(tradingview.com)*
النسبية # 3[164]

ماكد

MACD هو مذبذب الزخم الذي يحدد انعكاسات الاتجاه المحتملة من خلال التغيير في الزخم. يعمل MACD من خلال خط MACD (يتم العثور عليه عن طريق طرح EMA لمدة 26 يوما من EMA لمدة 12 يوما) ، وخط الإشارة (EMA لمدة 6 أيام) ، والرسم البياني ، الذي يرسم الاختلاف. تشير عمليات الانتقال بين الخطين إلى حدوث تغيير في الزخم ؛ التقاطع الصعودي هو MACD الذي يمر فوق خط الإشارة ، والتقاطع الهبوطي هو تقاطع MACD أسفل خط الإشارة. يشير ارتفاع الرسم البياني إلى قوة الزخم.

الشكل 179. مذبذب MACD # 3165 *(tradingview.com)*

العشوائيه

مؤشر ستوكاستيك هو مذبذب زخم رائد يهدف إلى الإشارة إلى الانعكاسات المحتملة والتغيرات في الزخم قبل حدوثها. يتم رسم القيمة العشوائية بين 0 و 100 ؛ فوق 80 يشير إلى ظروف ذروة الشراء وأقل من 20 يشير إلى ظروف ذروة البيع. من المعروف أن مذبذب ستوكاستيك دقيق للغاية.

الشكل 180: مذبذب ستوكاستيك # 3166 *(tradingview.com)*

يختتم هذا القسم نظرة على أنواع تداول العملات المشفرة على أرض الواقع والمنهجيات والأنماط والرسوم البيانية والمؤشرات ومؤشرات التذبذب. الجزء الأخير من اللغز ، أي ، هو تركيب القطع معا ، ويتم ذلك من خلال استراتيجية استثمار شاملة ، بدءا من البنية التحتية.

البنية التحتية الاستثمارية هي البرنامج الذي يحيط بالمستثمر ويقويه. يتم لعب اللعبة الحديثة على الإنترنت. ويساعدك البرنامج في العثور على الاستثمارات المحتملة وتقييم تلك الاستثمارات وإجراء الصفقات. يبدأ إعداد إطار عمل استثماري باختيار البورصة ، وأكثرها شيوعا (في الولايات المتحدة) هي Coinbase و eToro و Binance US و Kraken. البورصات العالمية الأكثر شعبية هي (على التوالي) Binance و Coinbase Exchange و Huobi Global و Kraken و Bitfinex.[27] بعد ذلك ، يكون برنامج الرسوم البيانية مفيدا دائما ، وأكثرها شيوعا هو TradingView. بعد الإعداد على هذه الأنظمة الأساسية ، تتضمن البرامج المفيدة الأخرى محللات المشاعر (santiment.net ، وما إلى ذلك) ، وبرامج بوت مواقع التقويم (coinmarketcal.com ، وما إلى ذلك) ، ومواقع بيانات السوق (coinmarketcap.com ، onchainfx.com ، وما إلى ذلك) ، ومواقع الإسقاط الجوي (airdropalert.com ، airdrops.io) ، و bitcoinvisuals.com. باستخدام هذا البرنامج والمزيد ، سيكون لديك صندوق الأدوات الذي يمكن أن تزدهر فيه أدواتك وتداولك.

بمجرد تشغيل البنية التحتية ، فإن الخطوة التالية هي وضع مجموعة من القواعد. هنا ، سننتقل إلى القسم التالي: الاستثمار وعلم النفس.

المال تجربة عاطفية للغاية. فالمال يسيطر على حياتنا، ناهيك عن العالم، وعلاقتنا بالمال تحدد كيف ننفق العملة الأكثر قيمة على الإطلاق؛ وعلاقتنا بالمال تحدد كيف ننفق العملة الأكثر قيمة على الإطلاق. وقتنا. 70% من الأزواج يتجادلون حول المال، و 73% من الأمريكيين يصنفون المال على أنه الإجهاد رقم واحد في الحياة، ويقضي الشخص العادي ثلث حياته في العمل من أجل المال.[28] بغض النظر عن الإحصائيات، فكر في علاقتك الشخصية بالمال.[9] المال يملي كيف تقضي وقتك والأشياء التي يمكنك القيام بها، وأين تعيش، وكيف تعيش، وما إلى ذلك. معظم الناس يحكمون على الآخرين (القاضي يعني السلبية، يمكن أن يقال بشكل أفضل على أنه "تكوين آراء حول" للأفضل أو الأسوأ)، إلى حد ما، على علاقتهم بالمال، ومن المحتمل أن تقارن نفسك بالآخرين فيما يتعلق بالمال طوال الوقت. في حين أن أيا من هذا ليس هو كيف ينبغي أن تكون الأمور، بل كيف تسير الأمور هل.

نظرا لأن المال مهم بالنسبة لنا، فإن خسارة أو ربح المال، بالنسبة لمعظم الناس، هي تجربة عاطفية للغاية. وجد باحثو جامعة هارفارد أن إجراء صفقات جيدة في السوق يؤثر على الدماغ بنفس طريقة تأثير الكوكايين.[10] إذا كنت هناك، يمكنك

---

[8] - مجلة المال - 2014 مسح الأزواج والمال
2 - مسح CreditWise 2021
[9] "ما هي النسبة المئوية من حياتك التي ستقضيها في العمل ..."
https://revisesociology.com/2016/08/16/percentage-life-work/.
[10] (بدون تاريخ). التصوير الوظيفي للاستجابات العصبية للتوقع ... - CiteSeerX.

تصديق ذلك! بعيدا عن الدرجة الأساسية من المشاعر الطبيعية ، عادة ما تكون القرارات المتعلقة بالمال مدفوعة بتاريخ العائلة أو انعدام الأمن أو الخوف أو الجشع ، وكل ذلك مصحوب بدرجة معينة من العقلانية. لذلك ، يجب أن تفهم شيئين: علم النفس يؤثر على كيفية تداولك ، وعلم النفس يؤثر على كيفية تحرك الآخرين ، وبالتالي *السوق بأكمله*. تعتمد الأسواق الصاعدة والاتجاهات الصاعدة على الجشع والنشوة والتفاؤل والثقة.[167] تستند الأسواق الهابطة والاتجاهات الهابطة إلى القلق والإنكار والخوف والذعر. احذر من كلا الجانبين من هذا: كما سنشرح بالتفصيل في قسم قواعد تداول العملات المشفرة ، لا شيء يدوم إلى الأبد ، والتفكير بعقلانية قدر الإمكان في أوقات الصعود والهبوط هو أفضل شيء يمكنك القيام به. فيما يلي بعض الأشياء التي يمكنك القيام بها للمساعدة في التفكير العقلاني أثناء التجارب العاطفية.

---

https://citeseerx.ist.psu.edu/viewdoc/download?doi=10.1.1.387 rep=rep1&type=pdf&7974.

متى تتوقف عن التداول

توقف عن التداول بعد ثلاثة انتصارات أو خسائر متتالية. يمكن أن تكون هذه قاعدة مؤلمة ، ولكنها أيضا قاعدة فعالة. ثلاث صفقات جيدة متتالية تتحمل ارتفاعا عاطفيا ، في حين أن ثلاث صفقات خاسرة على التوالي تتكبد انخفاضات عاطفية. في كلتا الحالتين ، هذه المواقف تحمل حالات ذهنية عاطفية والقدرة على التفكير بعقلانية واتخاذ قرارات جيدة ضعيفة إلى حد كبير. لذلك ، على الأقل ، خذ استراحة طويلة. أفضل ما يمكنك فعله هو ببساطة التوقف عن التداول واستئنافه في اليوم التالي. بالطبع ، كما هو الحال مع كل هذه القواعد ، اضبطها لتناسب شخصيتك. إذا كنت من ذوي الخبرة ومربحة باستمرار ، فقد تنتقل إلى 4. إذا كنت قد بدأت للتو أو تعرف نفسك عرضة للتداول العاطفي ، فحركه لأسفل إلى 2.

الآن هذا الشعار

يمكن أن يكون وجود بعض الكلمات المختارة لتكرارها لنفسك طريقة سريعة للوصول إلى حالة ذهنية واثقة ومركزة. في حين أنه من الأفضل لك اختيار شيء ذي مغزى حقيقي بالنسبة لك (كما يقول الأطفال ، "يضرب مختلف") ، إليك بعض التغني ل

إلهام:

- "أنا هادئ ومركز وواثق."
- "التركيز ، التركيز ، التركيز."
- "بطيء وثابت يفوز بالسباق."
- "الانضباط والصبر والتركيز."
- "انظر إلي الآن يا أمي."

خذ فترات راحة

خذ فترات راحة. قم بالمشي أو ممارسة الرياضة أو التأمل أو الاستماع إلى الموسيقى أو الحصول على بعض الطعام. بطريقة ما (يفضل أن يكون خارج المنزل) استرخ واسترخ عقلك.

وضع القواعد

هذه ، إن وجدت ، هي العادة الوحيدة التي آمل أن أنقلها إليك من قراءة هذه القائمة. معظم النصائح الأخرى في هذه القائمة هي قواعد يجب أن تتناسب مع استراتيجيتك العامة القائمة على القواعد.

حجم التداول

لا تزيد أو تنقص الأموال التي تضعها في منصب لأنك "تشعر بذلك". تعديل المراكز على أساس المخاطر ؛ لا شيء آخر. كقاعدة عامة ، من الأفضل عدم تغيير مبلغ قياسي من المال يتم وضعه في الصفقات ما لم يكن قائما على تحليل مدروس. قم بإجراء محادثة مع نفسك واسأل عن سبب رغبتك في الاستثمار الذي تقوم به. على ماذا تأسست؟

مجلة التداول

يحتفظ العديد من المتداولين بسجل لجميع الصفقات. سيقومون بتدوين أسعار الدخول والخروج والأصل وأي ملاحظات أو ملاحظات. هذا ليس مجرد نشاط يفيد تداولك. كما أنها ممتعة وتوفر منظورا مفيدا في أوقات الصعود والهبوط.

كل متداول لديه تحيزات غير واعية تؤثر على القرارات. إذا كنت تعتقد أنك لست عرضة للتحيزات، فستكون عرضة لتحيز النقطة العمياء. عندما يتعلق الأمر بفهم التحيزات، فإن الوعي هو كل شيء لأن التحيزات بطبيعتها تغير الوعي وتشوه الإدراك بعيدا عن الحقيقة. لذا، آمل ألا تقع ضحية لتحيز النقطة العمياء وأن تفكر بدلا من ذلك في نفسك وعاداتك من وجهة نظر مطلقة. أنا لا أقول هذا ليكون سلبيا (ولا أستطيع أن أقول إنني لم أكن منافقا مع هذا) بل لأجني لك الكثير من المال. إذا كنت ترغب في القيام بذلك وأن تكون متداولا أفضل (وربما شخصا محسنا، على الرغم من أنني متأكد من أنك مذهل بالفعل!)، فانتقل إلى هذه التحيزات باستخدام عدسة مكبرة موضوعة فوقها مباشرة.[31]

التعاريف:
التحيز هو تحيز ضد أو لشيء ما.
المغالطة هي اعتقاد خاطئ.
الأسلوب الإرشادي هو نهج لحل المشكلات التي تختصر إلى غير مكتمل

حل.

الحدس

قد لا يقع الحدس مباشرة في قواعد التداول، لكنه يرتبط بتخفيف المخاطر، والقواعد تدور حول تخفيف المخاطر. الحدس، في جوهره، مستمد من الأنماط المحققة لا شعوريا. قد يواجه المتداول اليومي المتمرس منذ فترة طويلة حدسا قويا يعتمد على أنماط لم يتم ملاحظتها بوعي. هذا، في نهاية المطاف، هو المكان الذي يجب أن تنتهي فيه مسألة الحدس. كلما كنت أكثر خبرة، كلما أصبح حدسك أفضل. بينما

بدأت للتو ، من المحتمل أن تؤدي عبارة "أشعر بذلك" إلى خسارة حمراء كبيرة. بالطبع ، السؤال المنطقي هو طرح عندما ترسم الخط. هل هي سنة واحدة أم ثلاث سنوات أم هكذا؟ أقول اتخذ خطوات لاختبار حدسك بمرور الوقت مع تخفيف المخاطر. لذلك ، ربما تتداول مع 10/1 من حجمك العادي ، أو ربما لا تتداول ، ولكن تتبع ما إذا كنت ستكون على حق أو على حق واضبط من هناك. فقط تأكد من التعرف على الحدس على أنه حدس وليس الجشع أو الخوف المقنع ، ولا تستخدم الحدس كذريعة لاتخاذ قرار سيء. وبغض النظر عن مدى شعورك بذلك ، فإن الالتزام بخطة الاستثمار الخاصة بك هو الخيار الأفضل دائما تقريبا.

مغالطة التكلفة الغارقة

مغالطة التكلفة الغارقة هي الميل إلى مواصلة العمل أو المسعى لأن الوقت والمال والجهد قد غرق فيه بالفعل (التكلفة "الغارقة" هي تكلفة لا يمكن استردادها) بغض النظر عما إذا كانت التكاليف الحالية أو النهائية ستفوق الفائدة. هذه المغالطة شائعة للغاية. التمسك بالملابس باهظة الثمن التي لا ترتديها ، أو طلاء غرفة بلون تدرك أنك لا تحبه ولكن الاستمرار بغض النظر ، أو استثمار الأموال في عمل يبدو أنه فاشل ، أو شراء تذكرة لحدث يغير المواقع ويتطلب مضايقات شديدة للحضور. في السوق ، إذا كنت قد خسرت المال ، فإن هذه المغالطة تجعلك من المحتمل أن تذهب إليها مرة أخرى لمحاولة استرداد أموالك ، حتى لو لم تكن الاحتمالات في صالحك. احذر من اتخاذ القرارات دون وعي بسبب مغالطة التكلفة الغارقة.

الدليل الاجتماعي

في حين أن الدليل الاجتماعي ليس تحيزا ، إلا أنه يجب أن يحتل مكانا في هذه القائمة لأنه يمكن أن يؤثر على المستثمرين بعمق ، كما يتضح من خلال العملات المعدنية أو الرموز "الضجيجية". يرفع الدليل الاجتماعي القيمة المتصورة ويغير ديناميكية المخاطر المتصورة مقابل المكافأة. في حين أن الدليل الاجتماعي يحمل مكاسب

حقيقية للغاية معه وأن تداول الاتجاه يعتمد حرفيا على الدليل الاجتماعي والمشاريع التي "يتحدث عنها الجميع" ، يجب أن يؤخذ في الاعتبار أن العملات المعدنية والرموز المميزة قد لا تحمل فائدة حقيقية طويلة الأجل ، وبالتالي قد تكون مثالية للقلب السريع أو الاحتفاظ على المدى القصير ، لكن لا شيء أكثر من ذلك. في نهاية اليوم ، ما عليك سوى إجراء البحث الخاص بك ، ولا تنشغل في الضجيج ، وحدد المشاعر الاجتماعية (لأن "الضجيج" هو في الحقيقة مجرد شعور إيجابي للغاية وواسع الانتشار) كمتغير يجب مراعاته في جميع قرارات الاستثمار.

تحيز التوفر

يشوه تحيز التوافر (أو الاستدلال على التوافر) إدراك المخاطر من خلال الاعتماد على المعلومات التي تتبادر إلى الذهن أولا. قد يبالغ المرء بعد ذلك في تقدير أهمية تلك البيانات ويحرف عملية صنع القرار وفقا لتلك المعلومات المتاحة. على سبيل المثال ، من المرجح جدا أن يتخذ الشخص الذي شهد حادث سيارة يوم الاثنين قرارات قيادة متحفظة خلال الأيام أو الأسابيع القليلة المقبلة. على الرغم من ذلك ، لم يتغير خطر القيادة قبل وبعد يوم الاثنين. بدلا من ذلك ، كل ما تغير هو توافر المعلومات حول مخاطر القيادة. داخل التداول ، يذهب هذا المفهوم على النحو التالي: يمكن أن تنحرف قرارات الاستثمار عن طريق المعلومات الأكثر توفرا ، حتى لو لم تكن هذه المعلومات هي الأكثر دقة. لذلك ، في المرة القادمة التي تتخذ فيها قرارا استثماريا ، خذ بعض الوقت للتفكير فيما إذا كانت المعلومات التي تتداول عليها تأخذ اللغز الكامل في الاعتبار ، وليس قطعة واحدة فقط. يطلق على هذا التحيز أيضا اسم تحيز الألفة المفرط ، والاستدلال على التوافر ، وتحيز الحداثة ، وتحيز وهم التردد.

مارتينجال التحيز

هذا التحيز مثير للاهتمام لأن "استراتيجية مارتينجال" لديها في الواقع فرصة بنسبة 100٪ لتكون مربحة إذا كان لدى المرء ما يكفي من المال. استراتيجيات مارتينجال فعالة للغاية ، مع إعطاء ما يكفي من المال ، لدرجة أن الكازينوهات حظرتها بشكل فعال من خلال إدخال الحد الأدنى والحد الأقصى. ومع ذلك ، لسوء الحظ ، هذا لا يعمل في التداول ، وتحيز مارتينجال شيء لا يجب القيام به. في الأساس ، تعتمد الإستراتيجية على "مضاعفة" الاستثمار الخاسر. على سبيل المثال ، لنفترض أن لديك فرصة بنسبة 1٪ للفوز بلعبة كازينو. ستخسر 100/99 مرة ، ولكن بافتراض أنك ضاعفت استثمارك في كل مرة ، فمن المؤكد رياضيا أنك ستفوز في النهاية وتستعيد كل ما فقدته وأكثر لأنك تضع دائما ضعف ما وضعته سابقا. توسعت استراتيجية مارتينجال منذ ذلك الحين للإشارة إلى وضع المزيد من الأموال في استثمار خاسر ، على أمل أن ترتفع قيمة الاستثمار وأن تعوض عمليات الشراء الأبعد عن خسارة الشراء الأولي. لذلك ، مع ما يقال ، يشير تحيز مارتينجال في سياقنا إلى الاستدلال المتمثل في وضع المزيد والمزيد من الأموال في الاستثمارات الهابطة. في بعض الأحيان ، قد يكون هذا جيدا ، على افتراض أن السعر سيتعافى ؛ كنت قد اشتريت ببساطة الانخفاض. ومع ذلك ، فهو منحدر زلق ، ويجب أن تأتي نقطة قد ترغب فيها في وضع المزيد من الأموال في استثمار متراجع ، لكن من الناحية المنطقية ، لا ينبغي لك ذلك. في كلتا الحالتين ، أقترح عليك اتخاذ قرار بشأن ما إذا كنت ستستثمر في عملة أو رمز مجروح بعمق مع وضع تحيز مارتينجال في الاعتبار. سيعطيك هذا أفضل فرصة لوضع العاطفة جانبا والتعامل مع المشكلة كما هي - لعبة احتمالات.

التحيز الساخن

التحيز الساخن هو مغالطة معرفية يعتقد فيها الشخص الذي يختبر على التوالي نتيجة ناجحة أو غير ناجحة أن مثل هذه النتيجة من المرجح أن تحدث مرة أخرى. على

سبيل المثال ، قد يكون مطلق النار في الدوري الاميركي للمحترفين قد غرق عدة طلقات متتالية. وهو الآن يعتبر نفسه "مشتعلا" ويعتقد أنه من المرجح أن يقوم بطلقات لاحقة. ضمن أمثلة مثل تلك التي يمكن فيها التحكم في المتغيرات ، قد لا تكون المغالطة الساخنة في الواقع مغالطة (بسبب تأثير الدواء الوهمي ، من بين عوامل أخرى) ، ولكنها تقع إلى حد كبير في سياق التداول. لذا ، سواء كان لديك سلسلة من المكاسب أو الخسائر ، فليس لديك على الإطلاق فرصة أفضل لاستمرار النتيجة المحددة لمجرد النتائج السابقة. أقترح أعلاه أنه يجب على المرء التوقف عن التداول بعد ثلاث صفقات رابحة متتالية أو ثلاث صفقات خاسرة متتالية جزئيا بسبب هذا التحيز.

ترسيخ التحيز

الإرساء هو التحيز الذي تؤثر به المعلومات الأولية على الحكم على جميع المعلومات اللاحقة. على سبيل المثال ، في المفاوضات ، على سبيل المثال بالنسبة لعملية استحواذ بقيمة 50 مليون دولار ، قد يخرج الطرف المقدم مباشرة من البوابة بعرض بقيمة 30 مليون دولار. يشعر البائعون أنهم يستحقون 50 مليون دولار ، ولكن سواء كانوا كذلك أم لا ، فإن بقية المفاوضات بأكملها تستند إلى الرقم "30 مليون دولار". يستخدم المسوقون تحيز الإرساء طوال الوقت للتأثير على تصور المنتج أو الخدمة ، وهو يحمل أهمية أكبر في فن التفاوض (راجع كتاب *Never Split the Difference* بقلم كريس فوس إذا كنت مهتما بمعرفة المزيد). أثناء التعرف على عملة معدنية أو رمز مميز أو مشروع لأول مرة ، من المحتمل أن تقوم بتطوير مرساة. يمكنك قراءة مقال حول مدى سوء العملة قبل النظر فيها ، أو تكوين آراء حولها فقط من خلال الاسم والسعر. بهذه الطرق وغيرها الكثير ، تشكل مرساة اللاوعي التي تؤثر على جميع القرارات اللاحقة. ضع ذلك في الاعتبار أثناء الانطباعات الأولية وتذكر أن الالتزام باستراتيجية (على سبيل المثال ، التداول على مقاييس معينة) ، في جزء كبير منه ، يجعل تحيز التثبيت غير مشكلة.

تأكيد التحيز

التحيز التأكيدي هو الميل إلى العثور على المعلومات وتفسيرها واستدعائها بطريقة تدعم أو تؤكد المعتقدات السابقة. في الأساس، ينحاز الناس نحو تأكيد أن ما يؤمنون به بالفعل صحيح. التحيز التأكيدي هو سبب العديد من الحجج والمواقف الخاطئة والقرارات المعيبة. يتم استخدام هذا التحيز ضدنا. داخل شبكات التواصل الاجتماعي، توفر الخوارزميات محتوى يخدم معتقداتنا السابقة، وبالتالي يقيد في الغالب الإدراك إلى وجهة نظر واحدة. وهذا جزئيا هو السبب في أن الناس مستقطبون إلى هذا الحد في الولايات المتحدة بشأن العديد من القضايا. إنهم حرفيا يتم إطعامهم قسرا من منظور واحد، وواحد فقط. داخل التداول، يؤثر التحيز التأكيدي على البحث، مما يؤثر على تصور [الشركات]، مما يؤثر على قرارات التداول. على سبيل المثال، قد تحب لقطات العصير للشركة X. عندما تبحث عن الشركة، تجد أن العمل لا يعمل بشكل جيد في الواقع، ولكن لدعم معتقداتك السابقة، فإنك تبحث فقط وتقرأ معلومات حول إيجابيات العمل، بينما تقلل من شأن السلبيات أو تختلق الأعذار. بهذه الطريقة، يقلل الاتصال العاطفي من العقلانية. تأكد من وضع ذلك في الاعتبار أثناء البحث عن الاستثمارات ومحاولة تجاهل المعتقدات السابقة قدر الإمكان. هذا مهم بشكل خاص في التحليل الفني، حيث تستند التداولات فقط على البيانات الحقيقية، ومن السهل رؤية ما تريد رؤيته في الرسوم البيانية.

التحيز المحافظ

التحيز المحافظ هو التحيز نحو مراجعة المعتقدات السابقة بشكل غير كاف عند إعطائها بيانات جديدة. على سبيل المثال، دعنا نستأنف بلقطات العصير للشركة X. ما زلت تحب العصير حقا، لكنك تمكنت من التغلب على التحيز التأكيدي وإلقاء نظرة على الحقائق الصعبة، وهي أن الشركة تفرط في الإنفاق وتدار بشكل سيء.

بدلا من الانتقال من الاعتقاد بأن *هذه الشركة رائعة* إلى *هذه الشركة تمتص كاستثمار*، فإن تحيز المحادثة سيقودك نحو "*هذه الشركة على ما يرام، وسوف تعمل بشكل أفضل في يوم من الأيام*". في هذا ، بدلا من اقتلاع المعتقدات السابقة لصالح اعتقاد متناقض بشكل مباشر ، فإنك تغير موقفك قليلا فقط. في الأساس ، أنت محافظ في تغيير أفكارك. يمكنك تقديم الأعذار أو التركيز فقط على البيانات الأكثر إيجابية. لذا ، إذا كنت تبحث في أي وقت عن عملة أو رمز مميز لديك أفكار مسبقة عنه ، سواء للأفضل أو للأسوأ ، فأدرك ذلك ، وابذل قصارى جهدك للعثور على بيانات موضوعية واتخاذ قرارات موضوعية.

تحيز النتائج

تحدث تحيزات النتائج عندما تستند القرارات إلى النتائج السابقة دون النظر في العمليات السابقة. هذا واحد وحشي بشكل خاص في التداول. على سبيل المثال ، لنفترض أنك سمعت عن صديق حقق عائدا بنسبة 5,000% على Dogecoin. يمكنك بعد ذلك الاستثمار على الفور في Dogecoin ، ليس لأنك انتبهت إلى كيف أو لماذا حدث هذا الربح البالغ 50 ضعفا وما إذا كانت الظروف قد قدمت نفسها مرة أخرى ، ولكن لأن صديقك حقق مبلغا مجنونا من المال وتريد حقا أيضا جني مبلغ مجنون من المال. لذا ، احكم على المعلومات بناء على العملية التي أنشأتها ، وليس فقط بسبب النتيجة ، ولا تحترق بنصائح "ثق بي يا أخي".

تحيز تأثير الوقف

وهذا ينطوي على وضع قيمة كبيرة على الأصول المملوكة بالفعل وزيادة وزن هذه الأصول بالنسبة للاستثمارات غير المملوكة. يمكن أن يتكون هذا أيضا من التداول فقط في الصناعة التي تعمل فيها أو البلد الذي تعيش فيه ، على الرغم من فوائد التنويع عبر صناعات متعددة وأسواق عالمية.

تحيز التأطير

تقارن تحيزات التأطير البيانات النسبية ، بدلا من دراسة البيانات المطلقة. على سبيل المثال ، دراسة 10 شركات سيئة ستجعل شركة واحدة لائقة تبدو مذهلة ، حتى لو لم تكن في الواقع جيدة من حيث المقاييس المطلقة.

التحيز للنفور من الخسارة

النفور من الخسارة يؤدي في الواقع إلى المزيد من الخسارة. أولئك الذين لا يبيعون أبدا بخسارة يتعثرون في الاستثمارات الخاسرة. هذا لا يعني بالضرورة أنه يجب عليك خفض الخسائر. هذا يعني فقط أنك تفكر في بحثك وتفهم أنه في بعض الأحيان يكون البيع بخسارة ضروريا.

التداول مع وضع علم النفس في الاعتبار

هذا يقودنا إلى نهاية التحيزات والمغالطات الأساسية في الاستثمار. أراهن الآن أنه في مرحلة ما ، ستفعل شيئا موصوفا أعلاه ، وتذكره ، ونأمل أن تتخذ قرارا استثماريا أفضل أو قرارا عاما نتيجة لذلك. والأفضل من ذلك ، آمل أن أكون قد أوضحت تقلب العقل الباطن ونقلت أن إنشاء استراتيجية قوية ، وتنمية الوعي الذاتي ، والتعلم من التجربة هي أفضل الطرق لمكافحة المغالطات والتحيزات والاستدلال في التداول. إذا قمت بذلك ، فلن تقاتل ضد نفسك بل ستكون قوة جماعية ومركزة وقادرة.

التداول الخوارزمي

التداول الخوارزمي هو فن الحصول على جهاز كمبيوتر لكسب المال من أجلك. أو ، على الأقل ، هذا هو الهدف. يحاول متداولو Algo ، كما تقول اللغة العامية ، تحديد مجموعة من القواعد التي ، إذا تم استخدامها كأساس للتداول ، تحقق ربحا. عند اختيار هذه القواعد وتشغيلها ، سيقوم الرمز بتنفيذ أمر. على سبيل المثال ، لنفترض أنك تحب التداول باستخدام عمليات الانتقال ذات المتوسط المتحرك الأسي (EMAs). عندما ترى EMA لمدة 12 يوما من Bitcoin يجتاز EMA لمدة 50 يوما ، فإنك تستثمر 0.01 Bitcoin. بعد ذلك ، عادة ما تبيع عندما تحقق ربحا بنسبة 5٪ أو ، إذا لم ينجح الأمر ، فإنك تقلل من خسائرك بنسبة 5٪. سيكون من السهل جدا تحويل استراتيجية التداول المفضلة هذه إلى قواعد تداول خوارزمية. يمكنك ترميز خوارزمية من شأنها تتبع جميع بيانات Bitcoin ، واستثمار 0.01 Bitcoin الخاص بك خلال تقاطع EMA المفضل لديك ، ثم البيع إما بربح 5٪ أو خسارة 5٪. ستعمل هذه الخوارزمية من أجلك أثناء نومك أو أثناء تناول الطعام أو حرفيا 7/24 أو خلال أي إطار زمني تريده. نظرا لأنه يتم تداوله تماما كما قمت بتعيينه

، فأنت مرتاح للمخاطرة. حتى إذا كانت الخوارزمية تعمل فقط 51 من كل 100 صفقة ، فأنت تحقق ربحا ويمكنك ببساطة الاستمرار إلى الأبد دون وضع أي وقت. أو يمكنك الرجوع إلى المزيد من البيانات وتحسين الخوارزمية الخاصة بك للعمل 55 لكل 100 مرة أو 70 لكل 100 مرة. بعد عشر سنوات ، أصبحت الآن ملياردير ا تجني المال كل ثانية من كل يوم بينما تحتسي العصير الاستوائي على شاطئ مشمس.

للأسف ، الأمر ليس بهذه السهولة ، ولكن هذا هو مفهوم التداول الخوارزمي. الجانب الافتراضي اللطيف للتداول حقا باستخدام آلة هو أن سقف الدخل لا حدود له عمليا (أو ، على الأقل ، قابل للتطوير بشكل كبير). النظر في الرسم البياني في الصفحة التالية. هذا تصور لخوارزمية تتداول 200 مرة في اليوم إذا تم استيفاء شروط معينة. كما في المثال أعلاه ، ستخرج الخوارزمية من المركز إما بربح 5% أو خسارة 5%. لنفترض أنك أعطيت الخوارزمية 10000 دولار للعمل معها ، ويتم وضع 100% من المحفظة في كل صفقة. يشير اللون الأحمر إلى صفقة غير مربحة (خسارة بنسبة 5%) ، ويشير اللون الأخضر إلى صفقة جيدة ، ومكاسب بنسبة 5%.

الشكل 181: صور التداول الخوارزمي168

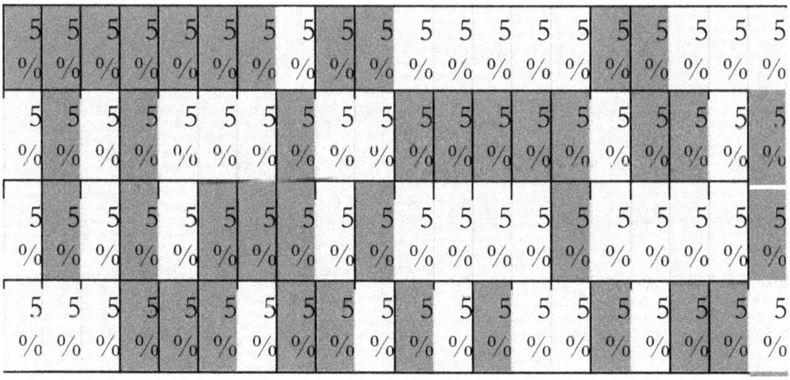

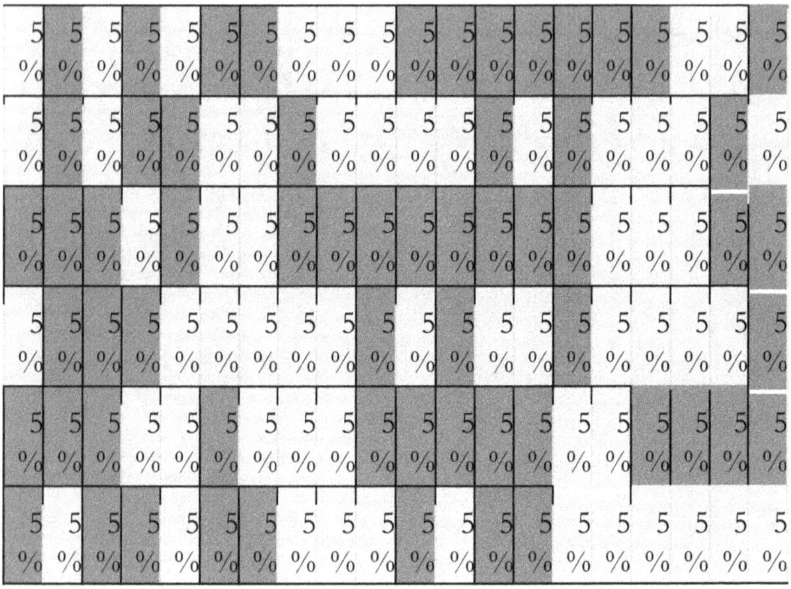

5%	5%	5%	5%	5%	5%	5%	5%	5%	5%	5%	5%	5%	5%	5%	5%	5%
5%	5%	5%	5%	5%	5%	5%	5%	5%	5%	5%	5%	5%	5%	5%	5%	5%
5%	5%	5%	5%	5%	5%	5%	5%	5%	5%	5%	5%	5%	5%	5%	5%	5%
5%	5%	5%	5%	5%	5%	5%	5%	5%	5%	5%	5%	5%	5%	5%	5%	5%
5%	5%	5%	5%	5%	5%	5%	5%	5%	5%	5%	5%	5%	5%	5%	5%	5%
5%	5%	5%	5%	5%	5%	5%	5%	5%	5%	5%	5%	5%	5%	5%	5%	5%

وفقا للرسم البياني ، هذه الخوارزمية صحيحة بنسبة 51% فقط من الوقت. في هذه الأغلبية الضئيلة ، سيصبح استثمار 10,000 دولار 11,025 دولارا[11] في يوم واحد فقط ، و 186,791.86 دولارا في 30 يوما ، وبعد عام كامل من التداول بمبلغ 10,000 دولار ، ستكون النتيجة 29,389,237,672,608,055,000 دولار. هذا هو 29 كوينتيليون دولار ، وهو ما يقرب من 783 ضعف القيمة الإجمالية لكل دولار أمريكي في العالم. من الواضح أن هذا لن ينجح. ومع ذلك ، لنفترض الآن أنه بالنظر إلى نفس القواعد ، فإن الخوارزمية تجعل التجارة مربحة بنسبة 50.1% فقط من الوقت ، مما يعني صفقة واحدة مربحة إضافية من كل 1000. بعد عام واحد ، ستتحول هذه الخوارزمية إلى 10,000 دولار إلى 14,400 دولار. بعد 10 سنوات ، أقل بقليل من 400,000 دولار ، وبعد 50 عاما ، 835,437,561,881.32 دولارا.

---

[11] ليس فقط 11000 دولار لأنه ، تذكر ، أن ربح 5% يتضاعف في الصفقة التالية. 10,000 دولار بنسبة 5% هو ربح 500 دولار ، ولكن بعد ذلك 10,500 دولار بربح 5% هو 11,025 دولار.

هذا هو 835 مليار دولار.[12] هذا يبدو سهلا جدا. ما عليك سوى استخدام البيانات التاريخية لاختبار الخوارزميات حتى تجد واحدة مربحة بنسبة 50.1٪ على الأقل ، وتحصل على 10 آلاف دولار ، وسيصبح أطفالك من أصحاب الدولارات. للأسف ، لا ينجح هذا دائما ، وإليك بعض التحديات التي تواجه المتداولين الخوارزميين:

---

[12] تحقق من هذه الأرقام بنفسك باستخدام حاسبة الفائدة المركبة من Money Chimp:

_http://www.moneychimp.com/calculator/compound_interest calculator.htm

تحديات التداول الخوارزمي

1 #: أخطاء

التحدي الأكثر وضوحا هو خوارزمية خالية من الأخطاء. العديد من الخدمات اليوم تجعل العملية أسهل بكثير ولا تتطلب الكثير من الخبرة في الترميز. ومع ذلك ، لا يزال البعض يتطلب مستوى معينا من القدرة على الترميز والباقي درجة من المعرفة التقنية. كما أنا متأكد من أنه يمكنك أن تتخيل ، فإن أي خطأ في إنشاء خوارزمية يمكن أن يؤدي إلى لعبة.[13] لهذا السبب ربما لا يجب عليك ترميزها بنفسك إلا إذا كنت تعرف بالفعل كيفية البرمجة ، وفي هذه الحالة ربما لا يزال يتعين عليك استشارة صديق مبرمج!

2 #: بيانات غير متوقعة

تماما كما هو الحال مع التحليل الفني ككل ، فإن توقع تكرار الأنماط التاريخية هو الأساس الذي يعتمد عليه التداول الخوارزمي. أحداث البجعة السوداء[35] والعوامل غير المتوقعة ، مثل الأخبار والأزمات العالمية والتقارير الفصلية وما إلى ذلك ، يمكن أن تتخلص من الخوارزمية وتجعل الإستراتيجية السابقة غير مربحة.

3 #: عدم القدرة على التكيف

يقترن التحدي المتمثل في البيانات التي لا يمكن التنبؤ بها بعدم القدرة على التكيف مع الظروف بالنظر إلى البيانات السياقية الجديدة. بهذه الطريقة ، قد تكون هناك حاجة إلى تحديثات يدوية. الحل لهذه المشكلة هو الذكاء الاصطناعي يتعلم ويحسن

---

[13] أو ، كما ستكون حبكة فيلم لطيفة ، تبين أن الخوارزمية بشكل عشوائي مثالية وينتهي بها الأمر بكسب كل الأموال في السوق ، مما يؤدي إلى كساد وانهيار اقتصادي عالمي! [35] أحداث البجعة السوداء هي أي عوامل عشوائية أو غير معروفة تدخل حيز التنفيذ.

ويختبر ، لكن هذا بعيد عن الواقع ، وإذا نجح ، فربما لن يكون جيدا للسوق نظرا لأن عددا قليلا من اللاعبين المؤثرين يمكنهم ببساطة استثماره لاستخدامهم الخاص (بالنظر إلى أنه سيكون آلة طباعة نقود حرفية) أو مشاركتها مع الجميع ، وفي هذه الحالة ينطبق تحدي التدمير الذاتي (أدناه).

4: الانزلاق والتقلب وتعطل الفلاش

نظرا لأن الخوارزميات تلعب وفقا لقواعد محددة ، فيمكن "خداعها" من خلال التقلبات وجعلها غير مربحة من خلال الانزلاق. على سبيل المثال ، قد تقفز عملة بديلة صغيرة عدة بالمائة ، سواء لأعلى أو لأسفل ، في ثوان. قد ترى الخوارزمية أن السعر يصل إلى أمر البيع المحدد ويؤدي إلى التصفية ، على الرغم من أن السعر يقفز ببساطة إلى السعر السابق أو أعلى.

5: التدمير الذاتي

في الحدوث الافتراضي ل الذكاء الاصطناعي ذكي يمكنه فرز جميع البيانات المتاحة ، وتحديد أفضل خوارزميات التداول الممكنة ، ووضعها موضع التنفيذ ، والتكيف مع الظروف ، فإن العديد من هذه الذكاء الاصطناعي ستقضي على استراتيجيات التداول الخاصة بها. على سبيل المثال ، لنفترض أن 1 مليون من هذه الذكاء الاصطناعي موجودة (حقا ، سيستخدمها العديد من الأشخاص أكثر من هذا إذا أصبحت متاحة للشراء). ستكتشف جميع أنظمة الذكاء الاصطناعي على الفور أفضل خوارزمية وتبدأ التداول عليها. إذا حدث هذا ، فإن التدفق الناتج للحجم سيجعل الاستراتيجية عديمة الفائدة. نفس السيناريو يحدث اليوم ، باستثناء بدون الذكاء الاصطناعي. من المحتمل أن يتم اكتشاف استراتيجيات التداول الجيدة حقا من قبل عدة أشخاص ، ثم استخدامها ومشاركتها حتى لم تعد مربحة أو مربحة كما كانت من قبل. بهذه الطريقة ، تعيق أفضل الاستراتيجيات والخوارزميات تقدمها.

إذن ، هذه هي التحديات التي تمنع التداول الخوارزمي من أن يكون آلة طباعة النقود المثالية ، 4 ساعات عمل في الأسبوع ، تحفز العطلات الاستوائية. ومع ذلك ، يمكن للخوارزميات بالتأكيد كسب المال. تعتمد العديد من الشركات والشركات الكبيرة على أعمالها فقط على خوارزميات التداول المربحة. لذلك ، في حين أن روبوتات التداول لا ينبغي اعتبارها أموالا سهلة ، إلا أنه يجب اعتبارها نظاما للعمل عليه ، كما هو الحال مع أي عمل أو مصلحة أخرى. فيما يلي بعض النقاط البارزة في التداول الخوارزمي ومعلومات حول كيفية البدء.

الاختبار الخلفي

نظرا لأن الخوارزميات تأخذ مدخلات وتتفاعل وفقا لذلك ، يمكن لمتداولي algo إجراء اختبار رجعي للخوارزميات مقابل البيانات التاريخية. على سبيل المثال ، بالانتقال إلى الأمثلة السابقة ، إذا أراد Trader X إنشاء خوارزمية تتداول على عمليات الانتقال EMA ، فيمكن ل Trader X اختبار الخوارزمية عن طريق تشغيلها خلال كل عام كان فيه السوق بأكمله موجودا. سيتم بعد ذلك رسم العوائد ، ومن خلال اختبار التقسيم ، يمكن للمتداول X التوصل إلى صيغة ثبت تاريخيا أنها تعمل دون أن تضع الأموال على الطاولة. بهذه الطريقة ، يمكنك اختبار الخوارزميات الخاصة بك والتلاعب بمتغيرات مختلفة لمعرفة كيفية تأثيرها على العوائد الإجمالية. لتجربة إنشاء واستخدام خوارزمية تداول ، تحقق من مواقع الويب في الصفحة التالية.

Statistics	All trades	Long trades	Short trades
Initial capital	200000.00	200000.00	200000.00
Ending capital	212995.00	187455.00	225540.00
Net Profit	12995.00	-12545.00	25540.00
Net Profit %	6.50 %	-6.27 %	12.77 %
Exposure %	42.99 %	20.29 %	22.70 %
Net Risk Adjusted Return %	15.11 %	-30.92 %	56.25 %
Annual Return %	120.85 %	-55.75 %	353.86 %
Risk Adjusted Return %	281.12 %	-274.81 %	1558.61 %
Total transaction costs	2400.00	1200.00	1200.00
All trades	12	6 (50.00 %)	6 (50.00 %)
Avg. Profit/Loss	1082.92	-2090.83	4256.67
Avg. Profit/Loss %	0.13 %	-0.25 %	0.50 %
Avg. Bars Held	117.67	113.00	122.33
Winners	8 (66.67 %)	4 (33.33 %)	4 (33.33 %)
Total Profit	49820.00	9520.00	40300.00
Avg. Profit	6227.50	2380.00	10075.00
Avg. Profit %	0.73 %	0.28 %	1.17 %
Avg. Bars Held	145.50	128.00	163.00
Max. Consecutive	3	3	4

36169 الشكل 182: ورقة الاختبار الخلفي

السيطرة على المخاطر

يعد الاختبار الرجعي طريقة رائعة للتخفيف من المخاطر. أفضل بديل هو من خلال استخدام وقف الخسائر ووقف الخسائر المتحرك. وترد تفاصيل هاتين الأداتين في قسم إدارة المخاطر.

البساطه

كثير من الناس لديهم مفاهيم تداول الخوارزميات التي تتطلب رمزا معقدا متعدد الطبقات يتضمن مؤشرات وأنماطا ومذبذبات متعددة ، إن لم يكن اثني عشر أو أكثر. معظم الخوارزميات الناجحة (العامة) المستخدمة من قبل المحترفين وغير المحترفين على حد سواء غير معقدة بشكل مدهش. وينطوي معظمها على مؤشر واحد، أو ربما مزيج من مؤشرين. أقترح عليك اتباع هذا المسار الثابت ، ولكن بعد قولي هذا ، إذا اكتشفت خوارزمية معقدة للغاية ومتفوقة ، فسأكون أول من يقوم بالتسجيل!

ترالي - trality.com | لا يوجد رمز ، اختبار رجعي مجاني.

كوانت كونيكت - quantconnect.com | مجتمع رائع.

سوبر ألخوس - superalgos.org | منصة مفتوحة المصدر.

نابوت - napbots.com/ | لا حاجة للترميز.

جونبوت - gunbot.shop | قابل للتخصيص للغاية.

شرمبي - shrimpy.io | التداول الاجتماعي الآلي.

كريبتوهوبر - cryptohopper.com | يوفر التعليم ، واجهة مستخدم جيدة.

كريبتوهيرو - cryptohero.ai | روبوتات آلية وسهلة التشغيل.

وندربيت - trading.wunderbit.co/en | نسخ المستخدمين الآخرين.

بيتسجاب - bitsgap.com | منصة الكل في واحد ، بما في ذلك الروبوتات.

3فواصل - 3commas.io | واجهة مستخدم متقدمة بعض الشيء ولطيفة.

بيونيكس - pionex.com | روبوتات تداول مجانية.

هاس أونلاين - haasonline.com | استخدم الروبوتات أو أنشئ برامج الروبوت الخاصة بك. *هومينغبوت* - hummingbot.io | يقدم قوالب مسبقة الصنع.

سيكون من غير المناسب الكتابة عن التداول الخوارزمي والفشل في ذكر HFT ، لذلك سأستغرق لحظة للقيام بذلك الآن. ربما سمعت عن التداول عالي التردد المستخدم في سوق الأسهم. لها سمعة بأنها سيئة بالنسبة للصغار. ومع ذلك ، فهو شائع جدا ، ويتم نقل نفس استراتيجيات HFT التي أثبتت أنها مربحة في سوق الأوراق المالية إلى أسواق العملات المشفرة.

التداول عالي التردد هو تداول خوارزمي على المنشطات. يستخدم HFT برامج الكمبيوتر لمعالجة عدد كبير من الطلبات ، ربما الآلاف ، في أجزاء من الثواني. يستخدم المتداولون ذوو التردد العالي الحجم للربح من الاختلافات الصغيرة جدا في السعر. قد يحققون فلسا واحدا لكل معاملة ، لكنهم يضربون ذلك بملايين المعاملات ، وستحصل على ربح جيد.

تمثل HFT 50٪ من إجمالي حجم تداول الأسهم في الولايات المتحدة. وهذا يعني أن نصف جميع صفقات الأسهم لا ينظر إليها البشر أبدا ، بل يتم تنفيذها بواسطة جهاز كمبيوتر في بعض المستودعات. على الرغم من أن HFT لم يتم طرحه بعد إلى هذا الحد في أسواق العملات المشفرة ، إلا أنه بالتأكيد شيء يجب البحث عنه كاتجاه في المستقبل القريب ، أو يمكن القول إنه شيء يمكن الاستفادة منه بينما تظل المساحة غير مشبعة نسبيا.

كما يقول المثل ، لا يمكننا تجنب الضرائب ، ومثل هذه الفكرة تنطبق بالتأكيد على العملة المشفرة (وخاصة التداول قصير الأجل) على الرغم من الطبيعة التي تبدو مجهولة وغير منظمة لهذه الصناعة. أقترح عليك زيارة الموقع الإلكتروني لمؤسسة تحصيل الضرائب الخاصة بك لمعرفة المزيد حول ضرائب العملة المشفرة في بلدك. ومع ذلك ، فإن المعلومات التالية تسلط الضوء على القواعد التي وضعتها الولايات المتحدة.

- في عام 2014 ، أعلنت مصلحة الضرائب أن العملات الافتراضية هي ملكية وليست عملة.
- إذا تم استلام العملات المشفرة كدفعة مقابل السلع أو الخدمات ، فيجب فرض ضريبة على القيمة السوقية العادلة (بالدولار الأمريكي) كدخل.
- إذا كنت تحتفظ بعملة معدنية أو رمز مميز لأكثر من عام ، تصنيفها على أنها مكاسب طويلة الأجل ، وإذا قمت بشرائها وبيعها في غضون عام ، فهذا مكسب قصير الأجل. تخضع المكاسب قصيرة الأجل لضرائب أعلى من المكاسب طويلة الأجل.
- يعتبر الدخل من تعدين العملات الافتراضية دخلا للعمل الحر (على افتراض أن الفرد المعين ليس موظفا) ويخضع لضريبة العمل الحر وفقا للقيمة المكافئة العادلة للعملات الرقمية بالدولار الأمريكي.

يمكن التعرف على ما يصل إلى 3000 دولار من الخسائر.

- عندما يتم بيع العملات الرقمية ، تخضع الأرباح أو الخسائر لضريبة أرباح رأس المال (حيث تعتبر العملات الرقمية ملكية) تماما كما لو تم بيع الأسهم.

قواعد تداول العملات المشفرة

يسعدني أن أقول إن قواعد 5 هذه ستوفر لك الكثير من المال والصدمات العاطفية. على النحو التالي:

"لا شيء يدوم إلى الأبد

"لا ، كان ينبغي ، يمكن أن يكون

"لا تكن عاطفيا

"التنويع

"الأسعار لا تهم

لا شيء يدوم إلى الأبد

فقط عند عرض هذا الرسم البياني البسيط للبيتكوين على مدار السنوات الخمس الماضية (تجري هذه الكتابة في عام 2022) ، من السهل أن نرى أنه لم تستمر أي حالة سوق لأي فترة زمنية مهمة. عادة ما تتبع فترات الصعود اتجاهات هبوطية حادة ، بينما على نطاق أوسع ، لن توجد معظم العملات المشفرة الموجودة حاليا على نطاق واسع بحلول نهاية العقد[14]. على أي حال ، لا توجد حالة سوق دائمة ، ولن يزدهر أي أصل بشكل دائم ، وحالة الأوضاع الاقتصادية العالمية متغيرة للغاية. هذا يعني فقط أنه من الأفضل الانفصال عن FOMO و JOMO على المدى القصير والسعي لفهم كل من الدورات قصيرة الأجل وطويلة الأجل في الأصول والأسواق.[15]

لا سوفدا ، ينبغي ، يمكن

هذه القاعدة مأخوذة من تاجر أسهم شهير وأسطوري ومضيف برنامج *Mad Money* ، جيم كرامر. يتم تمثيل الفكرة من خلال لا ، لا ينبغي أن يكون ، ولا يمكن أن يكون. في الاستثمار يسير بشكل خاطئ (والكثير بالتأكيد سوف) ، خذ بضع دقائق للتفكير في كيفية التعلم والتحسين. بعد تلك الدقائق القليلة ، لا تفكر فيما *كنت ستفعله ، أو ما* كان يجب عليك *فعله ، أو ما* كان *يمكنك* فعله. يتيح القيام بذلك مجالا للتفكير والتحسين مع الحفاظ على العقل في نفس الوقت. في

14 على الأرجح نتيجة لبعض أحداث التصفية ، تماما مثل انفجار dot-com.

15 الخوف من الضياع والفرح من الضياع. في هذه الملاحظة ، أوصي راي داليو *النظام العالمي المتغير* كقراءة رائعة عن الدورات الاقتصادية على مستوى الدولة القومية.

نهاية اليوم ، كان بإمكانك دائما القيام بذلك بشكل أفضل. لا تضغط على نفسك بشأن الخسائر ، ولا تدع الانتصارات تصل إلى رأسك.

لا تكن عاطفيا

العاطفة هي نقيض التداول القائم على التحليل. العاطفة ، في أكثر الأحيان ("لا" ببساطة بسبب الحدوث العشوائي لاتخاذ قرار جيد من خلال عملية سيئة) ، ستؤذيك فقط وتأخذ من استراتيجية الاستثمار الخاصة بك. بعض الناس مرتاحون بشكل طبيعي للمخاطر والأفعوانية العاطفية للاستثمار ، خاصة في الأصول المتقلبة. إذا لم تكن كذلك ، فمن الأفضل تعديل استراتيجية الاستثمار الخاصة بك لتناسب الشخصية. في حين أن كل هذا قد يبدو مبالغا فيه قليلا ، ما عليك سوى الانتظار حتى تدخل في موقف محفوف بالمخاطر وتحاول النوم ، أو الأسوأ من ذلك كله ، البيع مباشرة قبل مضخة 300٪ لمدة أسبوع. فتق.

التنويع يقاوم المخاطر. بينما تفترض وتبحث على الأرجح عن مستوى معين من المخاطر (بسبب ارتباط المخاطرة والمكافأة إلى حد كبير) من خلال الاستثمار في العملات المشفرة ، فمن المحتمل أن يكون لديك مستوى معين من المخاطر لا تشعر بالراحة تجاهه. يساعدك التنويع على البقاء ضمن الحد الأقصى للمخاطر. بشكل عام ، يجب على المستثمرين في مجال التشفير الاحتفاظ بمحفظة متنوعة إلى حد ما ، بغض النظر عن مقدار الاعتقاد الذي قد يكون في مشروع معين. يجب تقسيم تخصيص الأموال (عادة) بين بدائل Bitcoin أو Ethereum أو ETH (مثل Cardano و Solana) والعديد من العملات البديلة ، إلى جانب بعض النقود. بينما تختلف النسب المئوية الدقيقة اعتمادا على الموقف الفردي (10/30/25/35 ، 5/10/25/60 ، 20/40/20/20 ، إلخ) ، فإن الاستثمار بطريقة متنوعة عبر جوانب مختلفة من سوق العملات المشفرة هو طريقة مستدامة للاستثمار ، والتقاط المكاسب عبر السوق ، وتقليل تأثير الأخطاء. ومع ذلك ، كل ما قيل ، فإن سوق التشفير غير مسبوق إلى حد ما. يضع بعض المتداولين معظم أموالهم في العملات البديلة ذات رؤوس الأموال الصغيرة ، بينما يكلف البعض الآخر متوسط سعر البيتكوين بالدولار ولا يلمسون أي شيء آخر. في نهاية اليوم ، ضع استراتيجية تناسب وضعك ومواردك وشخصيتك ، ثم قم بالتنويع ضمن حدود تلك الاستراتيجية.

وبالنظر إلى أنه يمكن تحديد العرض والسعر الأولي على حد سواء، فإن السعر نفسه غير ذي صلة إلى حد كبير بدون سياق. فقط لأن Binance Coin بسعر 500 دولار ، و Ripple بسعر 1.80 دولار لا يعني أن XRP تساوي 277 ضعفا من قيمة BNB. بدلا من ذلك ، تقع العملتان حاليا في حدود 10٪ من القيمة السوقية لبعضهما البعض. عندما يتم إنشاء عملة مشفرة لأول مرة ، يتم تعيين العرض من قبل الفريق الذي يقف وراء الأصل. قد يختار الفريق إنشاء 1 تريليون قطعة نقدية ، أو 10 ملايين. لذلك ، بالنظر إلى XRP و BNB ، يمكن ملاحظة أن Ripple لديها ما يقرب من 45 مليار قطعة نقدية متداولة ، و Binance Coin لديها 150 مليون. بهذه الطريقة ، لا يهم السعر حقا. يمكن أن تساوي العملة المعدنية بسعر 0.0003 دولار أكثر من عملة معدنية بسعر 10,000 دولار من حيث القيمة السوقية أو العرض المتداول أو الحجم أو المستخدمين أو المنفعة. السعر أقل أهمية بسبب ظهور الأسهم الكسرية ، مما يتيح للمستثمرين استثمار أي مبلغ من المال في عملة معدنية أو رمز مميز بغض النظر عن السعر. لذلك ، بينما لا يزال السعر نصف معادلة القيمة السوقية (السعر لكل وحدة × عدد الوحدات = القيمة السوقية) ، يمكن تعيين النصف الثاني من المعادلة من البداية. يجب مراعاة الكثير من المقاييس الأخرى قبل السعر ، ويجب ألا يأخذ السعر المطلق في الاعتبار قرارات الاستثمار.

الاعترافات

بهذا يختتم الجزء غير المرجعي من الكتاب. فيما يلي قسم الموارد، الموضح في الصفحة التالية. سأتوقف الآن لحظة لتقديم بعض الإقرارات التي تستحقها.

شكرا لجاك جاكوبس لتعريفي بالعملة المشفرة. أنا مدين لبليك مارتن، الذي بدونه لن يكون لدي نفس الوضوح، وإلى كول مورغان وهنري لين لدعمهما الثابت طوال العملية وما بعدها، وكذلك لآنا جولدز وجوناس بيريز وأوغستو أندريس. أخيرا، شكرا لأوري شيرمان وهالي سي و NK. أنتم جميعا رائعون!

إلى مستقبل مثير،

جون لو وآلان جون

موارد

يقدم هذا القسم تجميعا للموارد المرجعية المختلفة:

- القاموس الأساسي
- قاموس التداول
- التبادلات
- قنوات يوتيوب
- البودكاست
- منافذ الأخبار
- خدمات الرسوم البيانية

قاموس التشفير الأساسي

تم تضمين قاموس صغير (مسرد ، إذا جاز لك) في هذا الكتاب لتوفير أساس متين للمعرفة (إذا لزم الأمر) ، ومصدر للرجوع إليه ، وفهم كامل لأي مواضيع تمت مناقشتها سابقا في هذا الكتاب. وهي مقسمة إلى قسمين: الشروط الأساسية وشروط التداول. المصطلحات الأساسية هي بعض الكلمات المهمة المختارة بعناية والتي يجب معرفتها من أجل العمل بثقة في مساحة التشفير. إنه موجز ، لكنه يستحق قضاء بضع دقائق في البحث. يتكون القسم الثاني ، بعنوان "قاموس تداول العملات المشفرة" ، من مصطلحات مهمة تتعلق بالتحليل الفني ، وجميع الأشكال الأخرى لتحليل العملات المشفرة ، والتداول ككل. يمكن استخدامه إذا كانت أي كلمات مستخدمة سابقا في هذا الكتاب غير مفهومة أو مغطاة أو لبناء مفردات من الألف إلى الياء. إذا تم تفويت أي كلمات أو عدم فهمها أو يجب تضمينها بطريقة أخرى ، فيرجى الاتصال بي واقتراح إدخال التعديلات في الإصدارات اللاحقة.

حساب

الحساب هو زوج من المفاتيح العامة والخاصة التي يمكنك من خلالها التحكم في أموالك. عادة ما تعرض حسابك من خلال البورصة ، والتي توفر واجهة تداول مثالية. ومع ذلك ، يتم تخزين أموالك بالفعل على blockchain ، وليس في
حساب.

عنوان

العنوان ، المعروف أيضا باسم مفتاحك العام ، هو مجموعة فريدة من الأرقام والحروف التي تعمل كرمز تعريف ، يمكن مقارنتها برقم حساب مصرفي أو عنوان بريد إلكتروني. مع ذلك ، يمكنك إجراء المعاملات على blockchain. تحتوي العناوين على "شعارات" مستديرة وملونة تسمى معرفات العناوين (أو ببساطة "الرموز"). تتيح لك هذه الرموز معرفة ما إذا كنت قد أدخلت عنوانا صحيحا أم لا.

انزال

الإنزال الجوي هو أداة تسويقية تستخدمها العملات المعدنية الجديدة. سيمنح الفريق الذي يقف وراء عملة أو رمز مميز جديد المستخدمين القدرة على تلقي الأصل مجانا ، عادة مقابل مهمة صغيرة ، مثل متابعة الشركة على وسائل التواصل الاجتماعي أو تقديم عنوان بريد إلكتروني. تعتبر عمليات الإنزال الجوي رائعة للمشاريع ، نظرا لأن العديد من العملاء الجدد متحمسون للعملة ويريدون رؤيتها ترتفع في القيمة. كما أنها رائعة للمستخدمين ، حيث يحصلون على العملة مجانا ويمكنهم جني الكثير من المال. ومع ذلك ، فإن عمليات الاحتيال في الإسقاط الجوي شائعة ، وتفشل العديد من العملات المعدنية الجديدة ، لذا تأكد من إجراء البحث الخاص بك لفهم ما هي عمليات الإنزال الجوي الجديدة الجيدة ، وما هي عمليات الإنزال الجوي غير الجيدة. في ما يلي بعض المواقع التي توفر معلومات حول عمليات الإنزال الجوي الجديدة:

- aidrops.io
- airdropalert.com
- icomarks.com
- cocoricos.io

خوارزمية

تتكون الخوارزمية من القواعد الرياضية التي يجب أن يتبعها الرمز أو البرنامج. يتم استخدام العديد من أشكال الخوارزميات عبر الإنترنت ، مثل تلك التي تستخدمها خدمات الوسائط الاجتماعية لتحديد المحتوى الذي يحصل على مقدار التعرض. تستخدم Blockchains والعملات المشفرة الخوارزميات لأداء مجموعة متنوعة من المهام.

بيتكوين

كانت Bitcoin أول عملة مشفرة. تم إنشاؤه في عام 2008 من قبل فرد أو مجموعة من الأفراد يعملون تحت اسم ساتوشي ناكاموتو.

نقد

في عالم التشفير والاستثمارات ، لا يعني النقد الاحتفاظ بالنقد الحرفي ، بل يعني الأموال التي لا يتم استثمارها بل يتم الاحتفاظ بها في حساب رقمي.

اكد

يشير تأكيد المعاملة إلى تأكيد المعاملة ، مما يعني أن العديد من الأقران في الشبكة قد تحققوا من صحة المعاملة المحددة. بمجرد تأكيد المعاملة ، يتم تخزينها بشكل دائم وعرضها في دفتر الأستاذ العام.

داب / داوس

dApp هو اختصار ل "التطبيق اللامركزي". في الأساس ، يعتبر أي تطبيق يعمل على blockchain (أو أي شبكة نظير إلى نظير أخرى) وليس له مالك مركزي dApp. DAO هو اختصار للمنظمة المستقلة اللامركزية ويشير إلى أي منظمة شفافة ، مملوكة لشبكة من المشاركين الموزعين ، وتدار بقواعد مبرمجة بدلا من هيكل مركزي.

فك التشفير / التشفير

التشفير هو عملية تحويل النص العادي إلى معلومات مشفرة من خلال استخدام الشفرات. العكس هو فك التشفير ، الذي يحول المعلومات المشفرة إلى نص عادي. يتضمن فك التشفير في التشفير تحويل البيانات المشفرة مرة أخرى إلى نص عادي.

السلع الرقمية

السلعة الرقمية هي أصل رقمي له قيمة. لا يجب أن تكون السلع الرقمية عملات رقمية. NFT والفن الرقمي وأي شيء آخر له قيمة وموجود عبر الإنترنت هي سلع رقمية.

العملة الرقمية

تقع العملات الرقمية في عالم السلع الرقمية. بدلا من الإشارة إلى جميع الأصول الرقمية ، تشير العملات الرقمية إلى جميع العملات التي تعمل عبر الإنترنت فقط وليس لها شكل مادي.

التوقيع الرقمي

يتم استخدام توقيعك الرقمي لتأكيد أن المستندات عبر الإنترنت تأتي منك. هذا لا يعادل التوقيع المادي. بدلا من ذلك ، التوقيعات الرقمية هي تعليمات برمجية يتم إنشاؤها بواسطة خوارزمية.

دفتر الأستاذ الموزع

دفتر الأستاذ الموزع هو دفتر أستاذ يتم تخزينه في العديد من المواقع المختلفة بحيث يمكن التحقق من صحة المعاملات من قبل أطراف متعددة. تستخدم شبكات Blockchain دفاتر الأستاذ الموزعة.

دولفين / حيتان

يتم تصنيف حاملي العملات المشفرة من خلال عدد قليل من المختلفة. تسمى تلك التي لديها حيازات كبيرة للغاية الحيتان ، في حين أن تلك التي لديها حيازات متوسطة الحجم تسمى الدلافين.

تفريغ

يشير التفريغ أو الإغراق إلى بيع كمية كبيرة من العملات المشفرة أو كمية كبيرة من عملة معدنية أو رمز مميز يتم بيعه. على سبيل المثال ، يمكنك أن تقول "هذه العملة تتخلص منها" أو "أنا أتخلص من هذه العملة".

ERC-20 / ERC-20 قياسي

يعد ERC-20 أحد أنواع رموز Ethereum العديدة. تذكر أن الرمز المميز هو رمز مميز لأنه مبني على blockchain آخر ، بينما يتم بناء العملات المعدنية على سلاسل الكتل الخاصة بها. يعد ERC-20 مهما في عالم رموز Ethereum لأنه يستخدم لتحديد القواعد التي تعمل بها جميع الرموز المميزة على Ethereum blockchain. يمكن تشبيهه بحارس أمن. يتطلب ويضمن أن جميع الرموز المميزة في المنطقة المجاورة لها

تتبع هذه المجموعة من القواعد. "المعيار" ERC-20 هو القائمة المدمجة لجميع القواعد. يمكن للرموز المميزة التي تستخدم معيار ERC-20 التعامل بين بعضها البعض والتبادل بطريقة أكثر كفاءة.

الاثير

Ether هي العملة المشفرة الأصلية لسلسلة كتل Ethereum. رمز المؤشر الخاص به هو ETH ، ولاستخدام أي عملة على Ethereum blockchain ، يجب عليك دفع رسوم في Ether.

تبادل

بورصة [العملات المشفرة] هي سوق يتم فيه تداول العملات المشفرة. يجب الجمع بين التبادلات والمحافظ. في المحافظ ، يمكن الاحتفاظ بالعملات المعدنية من خلال العناوين. تعمل البورصات كوسيط سهل لمساعدة المستخدمين على التعامل.

فيات

يشير فيات إلى العملات الحكومية ، مثل الدولار الأمريكي واليورو.

التكنولوجيا المالية

Fintech هي اختصار للتكنولوجيا المالية. تتكون التكنولوجيا المالية من أي تقنية تدعم و / أو تمكن الخدمات المالية. العملات المشفرة هي شركات التكنولوجيا المالية ، وكذلك شركات مثل GoFundMe و PayPal.

شوكة / هارد فورك / شوكة ناعمة

الشوكة هي حدوث blockchain جديد يتم إنشاؤه من blockchain آخر. على سبيل المثال ، انفصلت Bitcoin Cash مرة واحدة عن Bitcoin. تحدث الشوكات عندما يكون هناك خلاف بين الخوارزميات وتنقسم إلى نسختين مختلفتين. يوجد نوعان من الشوكات: شوكة صلبة وشوكة ناعمة. الهارد فورك في blockchain هو شوكة تحدث عندما تقوم جميع العقد في الشبكة بالترقية إلى إصدار أحدث من blockchain وترك الإصدار القديم وراءها. ثم يتم إنشاء مسارين: الإصدار الجديد والإصدار القديم. تتناقض الشوكة الناعمة

مع هذا عن طريق جعل الشبكة القديمة غير صالحة ؛ ينتج عن هذا blockchain واحد فقط ، وليس الاثنين اللذين يأتيان نتيجة لانقسام صلب .

التحليل الأساسي

التحليل الأساسي هو تحليل عملة أو رمز مميز من خلال مقاييسها الأساسية. تبحث المقاييس الأساسية في النشاط الاقتصادي والمالي لتحديد القيمة.

غاز

يشير الغاز إلى الرسوم المطلوبة لإكمال المعاملات على بلوكشين إيثريوم. يتم منح رسوم الغاز لعمال المناجم ، الذين يتحققون من صحة الكتل ويضمنون شبكات آمنة.

غوي

Gwei هي الفئة (سعر الوحدة) المستخدمة في تحديد تكلفة غاز الإيثريوم. يمكنك التفكير في Gwei و Etherium على أنهما يشبهان البنس مقابل الدولار. 1 ETH يساوي مليار Gwei. يتم استخدام Gwei بدلا من Etherium لأن رؤية أن رسوم الغاز هي 1 Gwei أسهل من رؤية الرسوم على أنها 0.0000000001 Ether. ومع ذلك ، فإن رسوم الغاز مرتفعة جدا اعتبارا من عام 2022 ، ولهذا السبب أصبح اللجوء إلى فئات الإيثر أكثر قابلية للتطبيق حاليا ، على الرغم من أن هذا لن يكون هو الحال إلى الأبد.

خفض

النصف هو العملية التي يتم من خلالها خفض مكافأة تعدين البيتكوين إلى النصف. يحدث تنصيف البيتكوين كل 210,000 كتلة ، وهو ما يعادل تقريبا كل 4 سنوات. سيحدث النصف حتى يتم الوصول إلى الحد الأقصى من المعروض من Bitcoin ويتم تداول جميع العملات المعدنية البالغ عددها 21 مليون عملة.

معدل التجزئة / التجزئة

التجزئة هي دالة تحول قيمة إلى أخرى ؛ تقوم التجزئة في عالم التشفير بتحويل إدخال الأحرف والأرقام (سلسلة) إلى إخراج مشفر بحجم ثابت. في الأساس ، تساعد التجزئة

في التشفير. يتطلب "حل" كل تجزئة العمل بشكل عكسي لحل مشكلة رياضية معقدة للغاية. يسمى المقياس الذي يتم من خلاله الحكم على الكمبيوتر من حيث قدرته على التجزئة معدل التجزئة. ببساطة ، معدل التجزئة هو السرعة التي يمكن للعقدة من خلالها إجراء التجزئة ، والتجزئة مهمة في التشفير.

محفظة ساخنة / محفظة باردة

تشير المحفظة الساخنة إلى محفظة عملة مشفرة متصلة بالإنترنت. على العكس من ذلك ، يشير التخزين البارد إلى محفظة غير متصلة بالإنترنت. تسمح المحافظ الساخنة لمالك الحساب بإرسال واستقبال الرموز بسهولة ؛ ومع ذلك ، فإن التخزين البارد أكثر أمانا من التخزين الساخن.

الطرح الأولي للعملة (ICO)

من أجل جمع الأموال والوعي ، غالبا ما يضع منشئو العملة المشفرة جزءا أوليا من مخزونهم من العملات المعدنية للشراء.

عرض التبادل الأولي (IEO)

يشبه IEO ICO. كلاهما عروض أولية للعملات المعدنية أو الرموز المميزة المستخدمة فقط داخل مساحة التشفير. تأتي IEOs في الموضة كنسخة محسنة من ICOs لأن IEOs تسمح لمنصات تداول العملات المشفرة عبر الإنترنت بجعل الأصل قابلا للتداول مباشرة. في الأساس ، تتطلب IEOs جهدا أقل للاستثمار في عملية التداول للعرض الأولي وتبسيطها.

المفاتيح

المفتاح هو سلسلة عشوائية من الأحرف التي تستخدمها الخوارزميات لتشفير البيانات. يتم استخدام مفتاحين للعملة المشفرة: مفتاح عام ومفتاح خاص. كلاهما مهم للفهم ويتم تعريفهما بعمق أدناه.

تعدين

التعدين هو العملية التي يتم من خلالها إضافة الكتل إلى blockchain من خلال حل المشكلات الرياضية. يتطلب حل هذه المشكلات قدرا كبيرا للغاية من القوة الحسابية ، وبالتالي ، يتم تقديم مكافآت لأولئك الذين يقومون بالعمل. يعرف الأشخاص أو المنظمات الذين يستخدمون قوتهم الحسابية للتعدين باسم "عمال المناجم".

شبكة

الشبكة ، في جوهرها ، هي نظام مترابط. يتكون النظام داخل شبكة العملة المشفرة من العديد من العقد (الأجهزة) التي تساعد blockchain في مجموعة متنوعة من المهام. لذلك ، يمكن التفكير في شبكة تشفير مثل العديد من أجهزة الكمبيوتر المختلفة التي تعمل معا لتشغيل blockchain.

كعب

العقدة هي جهاز كمبيوتر متصل بشبكة blockchain يساعد blockchain في كتابة الكتل والتحقق من صحتها. تقوم بعض العقد بتنزيل تاريخ كامل من blockchain الخاص بهم. وتسمى هذه العقد الرئيسية وتؤدي مهام أكثر من العقد العادية. بالإضافة إلى ذلك، لا يتم تأمين العقد في شبكة معينة. بدلا من ذلك ، يمكن لمعظم العقد التبديل إلى سلاسل كتل مختلفة عمليا حسب الرغبة ، كما هو الحال مع التعدين متعدد التجمعات.

شبكات نظير إلى نظير (P2P) / شبكات P2P

تتضمن شبكة نظير إلى نظير العديد من أجهزة الكمبيوتر التي تعمل مع بعضها البعض لإكمال المهام. لا تتطلب شبكات نظير إلى نظير سلطة مركزية وهي جزء لا يتجزأ من شبكات blockchain.

المفتاح الخاص / المفتاح العام

سيستخدم مستخدمو العملات المشفرة مفتاحين: مفتاح عام ومفتاح خاص. كلا المفتاحين عبارة عن سلاسل من الأحرف والأرقام. بمجرد أن يبدأ المستخدم معاملته الأولى ، يتم إنشاء زوج من المفتاح العام والمفتاح الخاص. يستخدم المفتاح العام لتلقي العملات المشفرة ، بينما يسمح المفتاح الخاص للمستخدم بإجراء المعاملات من حسابه. يتم تخزين كلا المفتاحين في محفظة تشفير.

بروتوكول

البروتوكول هو نظام أو إجراء يتحكم في كيفية القيام بشيء ما. داخل العملة المشفرة ، تحكم البروتوكولات طبقة التعليمات البرمجية. على سبيل المثال ، يحدد بروتوكول الأمان

كيفية تنفيذ الأمان ، ويحكم بروتوكول blockchain كيفية عمل blockchain وعمله ، ويتحكم بروتوكول Bitcoin في كيفية عمل شبكة Bitcoin.

مضخة / تفريغ

المضخة هي حركة سعر تصاعدية سريعة في عملة معدنية أو رمز مميز. التفريغ هو حركة سعر هبوطية سريعة في عملة أو رمز مميز. "إلى القمر" يشير إلى مضخة ضخمة.

الرتبة / الترتيب

يتم تصنيف العملات المشفرة حسب القيمة السوقية. ضمن نظام التصنيف، والذي قد ينظر إليه على أنه لوحة النتائج ، فإن التواجد في أفضل 10 يعادل شارة الشرف. غالبا ما تسمع الناس يقولون ، "أعتقد أن هذا يمكن أن يكون أفضل 10 عملات" ، وعبارات مماثلة. احتلت Bitcoin المرتبة الأولى منذ إنشائها ومن المرجح أن تحتفظ بهذه المكانة لبضع سنوات أخرى على الأقل. تحقق من تصنيفات العملات بنفسك في أي من المواقع التالية:

- coinmarketcap.com
- coingecko.com
- cryptoslate.com

ساتوشي ناكاموتو

ساتوشي ناكاموتو هو الفرد أو مجموعة الأفراد الذين أنشأوا البيتكوين. لا يعرف الكثير عن هذا الرقم الغامض ، وقد أدى عدم الكشف عن هويته إلى ظهور عدد لا يحصى من نظريات المؤامرة. بينما يدرج ناكاموتو نفسه على أنه رجل يبلغ من العمر 45 عاما من اليابان على موقع رسمي لمؤسسات نظير إلى نظير ، فإنه يستخدم التعابير البريطانية في رسائل البريد الإلكتروني الخاصة به. بالإضافة إلى ذلك ، تتوافق الطوابع الزمنية لأعماله بشكل أفضل مع شخص مقيم في الولايات المتحدة أو المملكة المتحدة. يمتلك ناكاموتو حاليا ثروة تزيد قيمتها عن 50 مليار دولار من خلال حيازات 1.1 مليون بيتكوين.

عبارة البذور / البذور

عبارة البذور قابلة للتبديل مع عبارة ذاكري. العبارات الأولية هي تسلسلات من 12 إلى 24 كلمة تحدد المحفظة وتمثلها. باستخدامه ، لا يمكنك أبدا أن تفقد الوصول إلى حساب متصل. إذا نسيتها ، فلا توجد طريقة لإعادة تعيينها أو استعادتها. أي شخص لديه عبارة البذور الخاصة بك لديه حق الوصول الكامل إلى المحفظة المتصلة والعملة المشفرة القابضه.

العقود الذكية

العقود الذكية هي جزء أساسي من عالم العملات المشفرة. العقد الذكي هو عقد ذاتي التنفيذ يعمل على التعليمات البرمجية. تتم كتابة شروط العقد ، وكذلك التنفيذ ، مباشرة في العقد الذكي ، وبالتالي تزيل مسألة الثقة لجميع الأطراف في المعاملة. المعاملات الصادرة بعقود ذكية لا رجعة فيها ولا يمكن تعقبها. يمكن استخدام هذه العقود ليس فقط لإدارة معاملات العملات المشفرة ، ولكن أيضا في أنظمة التصويت ، والخدمات المالية المختلفة ، وتخزين المعلومات ، وفي العديد من الصناعات الأخرى.

عملة مستقرة

العملة المستقرة ، على غرار العملة المربوطة ، هي عملة معدنية أو رمز مميز مصمم ليظل بنفس سعر الأصل المعين ، وعادة ما يكون عملة صادرة عن الحكومة. على سبيل المثال ، USDT و DAI هما عملتان مستقرتان شائعتان مرتبطتان بالدولار الأمريكي ، مما يعني أن 1 USDT و 1 DAI سيتواجدان إلى الأبد على قدم المساواة مع دولار أمريكي واحد. لا تواجه العملات المستقرة أي تقلبات عمليا ، وعادة ما توفر فائدة قليلة (APY) على المقتنيات سنويا ، وهي عموما مكان جيد لتخزين مقتنيات العملات المشفرة.

التحليل الفني

التحليل الفني هو نوع من التحليل الذي ينظر إلى المؤشرات الفنية من أجل التنبؤ بحركة السعر. يستخدم المحللون الفنيون البيانات التاريخية من الرسوم البيانية لعمل توقعاتهم.

رمز المؤشر / المؤشر

المؤشر هو سلسلة من الأحرف التي تحدد عملة أو رمز مميز معين. جميع الأسهم ، وكذلك العملات المشفرة ، لها رموز مؤشر. على سبيل المثال ، يتم ترميز Bitcoin من خلال BTC و Ethereum من خلال ETH.

رمز مميز

في حين أن العملات المشفرة مبنية على blockchain الخاص بها ، فإن الرموز المميزة للعملات المشفرة مبنية على blockchain غير أصلي. تستخدم العديد من الرموز المميزة سلسلة كتل Ethereum ، وبالتالي يشار إليها باسم الرموز المميزة ، وليس العملات المعدنية. يتم تمثيل استخدامات الرمز المميز ضمن فئات فرعية ، وأهمها رموز الأمان ، ورموز النظام الأساسي ، ورموز الأداة المساعدة ، ورموز الحوكمة. يعد فهم الرموز المميزة جزءا لا يتجزأ من فهم ما تتداوله بالضبط ، بالإضافة إلى فهم جميع استخدامات العملات الرقمية ، ولهذه الأسباب سنلقي نظرة سريعة على أنواع الرموز المميزة المذكورة للتو.

- تمثل رموز الأمان الملكية القانونية للأصل ، سواء كانت رقمية أو مادية. لا تعني كلمة "أمان" في رموز الأمان الأمان كما هو الحال في الأمان ، ولكن بدلا من ذلك ، تشير كلمة "الأمان" إلى أي أداة مالية لها قيمة ويمكن تداولها. في الأساس ، تمثل رموز الأمان استثمارا أو أصلا.
- الرموز المميزة للأداة المساعدة مضمنة في بروتوكول موجود ويمكنها الوصول إلى خدمات هذا البروتوكول. على سبيل المثال ، يتم إعطاء الرموز المميزة للمنفعة عادة للمستثمرين أثناء ICO. بعد ذلك ، في وقت لاحق ، يمكن للمستثمرين استخدام رموز المرافق الخاصة بهم كوسيلة للدفع على المنصة التي قدمت الرموز المميزة. التعريف الكلي الذي يجب أخذه في الاعتبار هو أن الرموز المميزة للمنفعة يمكن أن تفعل أكثر من مجرد كونها وسيلة لشراء أو بيع السلع والخدمات.

- تستخدم رموز الحوكمة لإنشاء وتشغيل أنظمة التصويت للعملات المشفرة التي تتيح وظائف مثل ترقيات النظام.
- تستخدم رموز الدفع (المعاملات) فقط لدفع ثمن السلع والخدمات.

المعاملات

المعاملة هي أي تبادل بين أطراف متعددة. تتضمن معاملة العملة المشفرة قيام طرف واحد بشراء عملة معدنية أو رمز مميز ، وطرف آخر يبيع تلك العملة أو الرمز المميز.

دفاتر الأستاذ غير المصرح بها

دفاتر الأستاذ غير المصرح بها هي دفاتر الأستاذ التي ليس لها مالك واحد. الغرض من دفتر الأستاذ هذا هو السماح بجميع فوائد اللامركزية.

محفظة

المحفظة هي واجهة المستخدم التي تستخدمها لإدارة حسابك (حساباتك). لا يتم تخزين المقتنيات فعليا في محافظ ، والتي يمكن الوصول إليها من خلال مفتاح خاص وعام ، ولكن على blockchain. محفظة Coinbase و Exodus هي محافظ شائعة.

علم الدب / علم الثور

علم الدب هو مؤشر على مخطط عملة أو رمز مميز على احتمال حدوث اتجاه هبوطي. علم الثور هو عكس علم الدب ويشير إلى اتجاه صعودي.

مصيدة الدب / مصيدة الثور

يشير مصيدة الدب إلى إشارة اتجاه هبوطي خاطئة. يشار إلى هذا باسم "الفخ" لأن المتداولين الذين يأخذون مصيدة الدببة كمؤشر على الاتجاه الهبوطي قد يقومون ببيع العملة أو الرمز المميز ؛ ومن ثم خسارة المال عندما يرتفع السعر بالفعل. مصيدة الثور هي عكس مصيدة الدب. يمكن في بعض الأحيان التلاعب بمصائد الدببة إلى الوجود. في مثل هذه الحالة ، تهدف مجموعة من المتداولين إلى تحطيم عملة مشفرة بسرعة ثم تحقيق ربح سريع من الارتداد. يجب أن يمتلك المعنيون مركزا كبيرا لعملة معينة. بعد ذلك ، يبيعون جميعا مراكزهم في نفس الوقت ، مما يخدع السوق للاعتقاد بحدوث انهيار ، مما يؤدي إلى المزيد من البيع ، مما يتسبب في ضرب وقف الخسائر وحدوث المزيد من عمليات البيع ، مما يؤدي إلى انخفاض أكثر حدة. أولئك الذين وضعوا الفخ يشرعون في الشراء مرة أخرى في مراكزهم بسعر أقل. بمجرد أن يرتد السعر ، فإنهم يحققون ربحا.

الدب / الهابط / الثور / الصاعد

أن تكون دبا يعني أنك تعتقد أن سعر العملة أو الرمز المميز أو قيمة السوق ككل ستنخفض. يعتبر المستثمرون الذين يفكرون بهذه الطريقة "هبوطيين" على الأصل المحدد. العكس هو أن تكون صعوديا: الشخص الذي يعتقد أن ارتفاع القيمة سيحدث هو صعودي على هذا الأصل.

فقاعة

تشير الفقاعة في العملات المشفرة وجميع الاستثمارات إلى الوقت الذي يرتفع فيه معظم السوق ، وعادة ما يكون بمعدل غير مستدام. في كثير من الأحيان ، سوف تنفجر الفقاعات

وتؤدي إلى انهيار كبير. لهذا السبب ، فإن التواجد في فقاعة ، سواء كان يشير إلى عملة أو رمز معين ، ليس بالأمر الجيد.

شراء حائط

يحدث جدار الشراء عندما يتم وضع أمر حد كبير لشراء عملة مشفرة بقيمة معينة. يمكن أن يمنع "جدار الشراء" هذا الأصل من الانخفاض إلى ما دون تلك القيمة ، لأن الطلب بهذا السعر يتجاوز العرض بكثير.

ملتقى / ملتقى التداول

يحدث التقاء عندما يتم دمج استراتيجيات ومؤشرات متعددة في استراتيجية واحدة. تداول التقاء هو امتداد لهذا. يشير إلى المتداول الذي يستخدم التقاء في استراتيجية التداول الخاصة به.

تصحيح

التصحيح هو حركة سعر هبوطية بعد قفزة سريعة أو ذروة في السعر. على سبيل المثال ، قد يؤدي الانتقال من 10 دولارات إلى 25 دولارا إلى تصحيح إلى 20 دولارا ، حيث يتم العثور على دعم السعر.

ترتد القط الميت

ارتداد القط الميت هو مصطلح يشير إلى انتعاش قصير للسعر قبل حدوث انهيار كبير .

مخطط العمق

الرسم البياني لمخططات العمق طلبات البيع والشراء. يظهر مخطط العمق نقطة التقاطع التي تكتمل عندها المعاملات بسرعة ، وهي سعر السوق.

تفريغ

يشير التفريغ أو الإغراق إلى بيع كمية كبيرة من العملات المشفرة أو إلى كمية كبيرة من عملة معدنية أو رمز مميز يتم بيعه. على سبيل المثال ، "هذه العملة تغرق" و "أنا أتخلص من هذه العملة".

أمر التعبئة أو الإنهاء (FOK)

أمر التعبئة أو الإنهاء هو أمر يجب تنفيذه على الفور. إذا لم يحدث هذا ، إلغاء الصفقة. يتم استخدام FOK لضمان إتمام المعاملات التي تنطوي على مراكز كبيرة في فترة قصيرة جدا.

التحليل الأساسي

التحليل الأساسي هو تحليل عملة أو رمز مميز من خلال مقاييسها الأساسية. ارجع إلى القسم السابق حول التحليل الأساسي للحصول على نظرة عامة شاملة.

الصليب الذهبي

التقاطع الذهبي هو نمط مخطط يتضمن متوسطا متحركا قصير المدى (على سبيل المثال ، متوسط متحرك لمدة 10 أيام) يتقاطع فوق المتوسط المتحرك طويل الأجل (ربما المتوسط المتحرك لمدة 50 يوما). التقاطعات الذهبية هي مؤشرات صعودية.

النفوذ

يمكن للمستثمرين "الاستفادة" من أموالهم من خلال تحمل الديون. لنفترض أن لديك 1000 دولار وأنك تأخذ رافعة مالية 5x ؛ يمكنك الآن استثمار أموال بقيمة 5,000 دولار . من خلال نفس الوظيفة ، الرافعة المالية 10x هي 10,000 دولار و 100x هي 100,000 دولار. مثل التداول بالهامش ، تسمح الرافعة المالية بتضخيم الأرباح من خلال ، إلى حد ما ، استئجار الأموال وجني الأرباح الإضافية. ومع ذلك ، فإن تداول الرافعة المالية محفوف بالمخاطر للغاية. ما لم تكن متداولا متمرسا ومستقرا ماليا ، لا ينصح بالتداول بالرافعة المالية.

أمر محدد / شراء / بيع

عندما تقصد تنفيذ صفقة ، يمكنك اختيار تنفيذ هذه الصفقة بعدة طرق مختلفة. أحد هذه الأساليب هو من خلال أمر السوق ، الذي ينفذ الأوامر على الفور بأفضل سعر سوق متاح. البديل الشائع هو أمر محدد ، والذي يتيح للمشتري أو البائع اختيار السعر الذي يريد الشراء أو البيع به. على سبيل المثال ، لنفترض أن عملة يتم تداولها بسعر 200 دولار. إذا اخترت شراء عملة واحدة بأمر سوق ، تنفيذ هذا الأمر على الفور ، ربما بسعر 200 دولار ، أو ربما بسعر 199 دولارا أو 201 دولارا.[39] إذا قمت بوضع أمر محدد ، فإنك تختار السعر الذي تريد شراء العملة الواحدة به. ربما تكون هذه العملة متقلبة ، لذلك قررت وضع أمر شراء محدد عند 197 دولارا على أمل أن يرتفع السعر إلى هذا المستوى في مرحلة ما على مدار اليوم وقبل التعافي والاستمرار في اتجاه صعودي. في هذه الحالة ، لن يتم تنفيذ الأمر إلا عندما يصل سعر العملة إلى 197 دولارا أو أقل. بشكل عام ، تعتبر أوامر الحد جيدة للقبض على السعر أقل بقليل من القيمة السوقية في وقت الأمر ، على الرغم من أنه يمكن تعيين أوامر الحد بأي سعر لأسباب أخرى مختلفة. إذا كنت تضع وتطلب ولا تفعل ذلك حقا

اهتم بما إذا كانت نقطة الشراء الخاصة بك أقل بنسبة 2٪ أم لا (أو أيا كان) ، يمكنك فقط تعيين أمر سوق وشراء الأمان على الفور.

طويل / قصير (مركز)

اتخاذ مركز طويل يعني أن المستثمر ينوي الاحتفاظ بأصل على المدى الطويل. هذا يعني عموما بضعة أشهر على الأقل. المركز القصير هو عكس ذلك. ينوي المتداول الدخول والخروج في فترة زمنية قصيرة نسبيا ، سواء كانت دقائق أو ساعات أو أيام.

التداول بالهامش

التداول بالهامش هو استراتيجية شائعة حيث يقترض المتداولون الأموال لوضع الصفقات. على سبيل المثال ، قد يتداول شخص لديه 10,000 دولار بهامش 5x ، مما يمنحه 50,000 دولار من رأس المال. إذا نجحت التجارة ، فإنهم يسددون 50,000 دولار (عادة

مع الفائدة أو نوع من الرسوم) ويحافظون على الربح الإضافي. يجب أن يتم التداول بالهامش فقط من قبل المستثمرين ذوي الخبرة ـ إذا ساءت التداولات ، ينتهي الأمر بالعديد من المتداولين بديون أكثر من المال. لذا ، فإن المكافآت هائلة ، لكن المخاطر استثنائية بنفس القدر.

القيمة السوقية (القيمة السوقية)

القيمة السوقية للعملة هي إجمالي قيمة التداول. يمكن حساب ذلك بسهولة بضرب إجمالي المعروض من العملة في سعر العملة. على سبيل المثال ، تبلغ القيمة السوقية لتداول العملة المشفرة بسعر 5 دولارات مع عرض 1 مليون وحدة 5 ملايين دولار.

زخم السوق

زخم السوق هو قدرة هذا السوق على الحفاظ على فترات النمو أو الانكماش. يتمتع السوق الذي ظل في المنطقة الخضراء لمدة ستة أشهر بزخم قوي ، بينما يمكن قول الشيء نفسه إذا غرق هذا السوق في منطقة هبوطية وظل في المنطقة الحمراء لفترات طويلة من الزمن.

أمر السوق

أمر السوق هو أحد أنواع الأوامر العديدة التي يمكن وضعها لتنفيذ الصفقة. يتم تنفيذ أوامر السوق على الفور بأفضل سعر سوق متاح. على العكس من ذلك ، أوامر الحد ، يسمح للمشتري باختيار السعر الذي يريد أن يتم تنفيذ تجارته به.

في حين أن أوامر السوق قد تؤدي إلى أن تكون نقطة الشراء أعلى قليلا من أمر الحد الذكي ، إلا أنها تسمح بدخول أسرع.

ذروة البيع / ذروة الشراء

شهدت العملة المشفرة في ذروة البيع ضغط بيع أكبر بكثير من ضغط الشراء. نتيجة لذلك ، تم بيعها بسعر يعتبر أقل من قيمتها الحقيقية الأساسية. لذلك ، فإن ذروة البيع تعني عموما أن الورقة المالية يجب أن ترتد على الأقل إلى قيمتها الحقيقية. ذروة الشراء هي عكس ذلك وتحدث عندما يتم شراء عملة أو رمز مميز يصل إلى ما يمكن اعتباره سعرا مرتفعا

بشكل غير مبرر. عادة ، إذا اعتقد شخص ما أن العملة أو الرمز المميز في ذروة البيع ، فإنهم يعتقدون أنه سيرتفع ، بينما إذا اعتقدوا أنه في منطقة ذروة الشراء ، فإنهم يعتقدون أنه سينخفض.

ضخ

المضخة هي حركة سعر تصاعدية سريعة في عملة معدنية أو رمز مميز.

الضخ والتفريغ

المضخة عبارة عن تفريغ هو مخطط ينفذه مستثمر كبير أو ، في الغالب ، مجموعة من كبار المستثمرين. في المضخة والتفريغ ، ستشتري مجموعة البداية كمية كبيرة من عملة معدنية أو رمز مميز. يرى مستثمرون آخرون الضغط الصعودي القوي ويشتركون. بعد ذلك ، بمجرد تضخيم السعر بشكل كبير ، يتخلص المستثمرون الأصليون من أسهمهم ويجنون الأرباح. يتم النظر إلى هذه الممارسة بازدراء لأنها متلاعبة وتتسبب في خسارة معظم المستثمرين المعنيين للمال.

المقاومه

المقاومة هي السعر الذي يكافح الأصل لاختراقه بطريقة تصاعدية. في بعض الأحيان ، يمكن أن تكون مستويات المقاومة فسيولوجية. على سبيل المثال ، قد تصل Bitcoin إلى المقاومة عند 100000 دولار ، نظرا لأن العديد من الأشخاص يضعون أوامر بيع بسعر لطيف ومستدير ولطيف يبلغ 100000 دولار. عندما يتم اختراق مستوى المقاومة ، يمكن أن يرتفع السعر بسرعة. في الحالة التي تتجاوز فيها عملة البيتكوين 100000 دولار بعد فترة من المقاومة القوية ، قد يرتفع السعر بسرعة إلى 105000 دولار. الدعم هو عكس المقاومة.

بيع حائط

جدار البيع هو أمر بيع كبير جدا بسعر محدد. بيع الجدران يدفع الأسعار إلى الانخفاض. العكس هو جدار الشراء ، والذي يمكن أن يمنع عملة أو رمز مميز من الانخفاض إلى ما دون سعر معين.

انزلاق

يمكن أن يحدث الانزلاق عندما يتم وضع صفقة من خلال أمر السوق. تحاول أوامر السوق التنفيذ بأفضل سعر ممكن ، ولكن في بعض الأحيان يحدث اختلاف ملحوظ بين السعر المتوقع والسعر الفعلي. على سبيل المثال ، لنفترض أنك تريد شراء 20 BNB مقابل 1000 دولار ، لكنك تضع أمر سوق وينتهي بك الأمر فقط بالحصول على 9 BNB مقابل 1000 دولار. نادرا ما يكون الانزلاق بهذا القدر من الحدة ، ولكنه يختلف بانتظام في نطاق 1-3%. عند وضع أوامر كبيرة ، من الأفضل عادة وضع أمر محدد بدلا من أمر السوق. هذا يلغي خطر الانزلاق.

دعم

الدعم هو السعر الذي يكافح عنده الأصل للاختراق بطريقة هبوطية لأن العديد من المستثمرين على استعداد لشراء الأصل بهذا السعر وبالتالي فإن ضغط الشراء يتجاوز بكثير ضغط البيع. في كثير من الأحيان ، إذا وصلت العملة إلى مستويات الدعم ، فسوف تنعكس إلى اتجاه صعودي. غالبا ما يكون ارتداد مستوى الدعم فرص شراء جيدة على المدى القصير ، على الرغم من أنه إذا تم اختراق مستويات الدعم بطريقة هبوطية ، فمن المحتمل حدوث انخفاض حاد وممتد.

التجار المتأرجحون / المتأرجحون

التأرجح هو انعكاس دراماتيكي في السعر. يحاول المتداولون المتأرجحون اللحاق بالتقلبات الخاصة بالسوق والأصول والتداول عليها.

خزان / خزان

يشير إلى سعر يأخذ غطسة ضخمة ، على سبيل المثال ، "انخفض من 20 دولارا إلى 10 دولارات".

التحليل الفني

ينظر التحليل الفني إلى المؤشرات الفنية للتنبؤ بحركة السعر. يستخدم المحللون الفنيون البيانات التاريخية من الرسوم البيانية لعمل توقعاتهم. ارجع إلى قسم التحليل الفني في وقت سابق من الكتاب لإلقاء نظرة موسعة على التحليل الفني واستراتيجيات الرسوم البيانية المختلفة.

التقلبات

التقلب هو حجم التغيير في عملة أو رمز مميز ، وبالتالي القدرة واحتمال تغير السعر بسرعة ، سواء في اتجاه إيجابي أو سلبي. لذا ، فإن العملة التي تتحرك بنسبة 10٪ لأعلى في يوم ما ، و 27٪ لأسفل في اليوم التالي ، و 22٪ صعودا في اليوم الثالث تكون أكثر تقلبا من العملة التي تتحرك صعودا بنسبة 2٪ ، وتنخفض بنسبة 0.5٪ ، وترتفع بنسبة 1٪ أخرى. بعض العملات المعدنية ، وتحديدا العملات المستقرة ، لديها تقلبات قليلة جدا ، في حين أن العملات المعدنية أو الرموز الأخرى ، عادة تلك ذات القيمة السوقية الصغيرة نسبيا ، متقلبة للغاية وتتحرك صعودا وهبوطا بسرعة.

الفتائل / شعيرات / الظلال

الشعيرات هي الخطوط الممتدة من الأشرطة الملونة على مخططات الشموع اليابانية وتشير إلى النطاق المنخفض والعالي للأصل المحدد. الفتائل والشعيرات والظلال مترادفة.

التبادلات

- Binance - binance.com (binance.us للمقيمين في الولايات المتحدة)
- كوين بيز - coinbase.com
- كراكن – kraken.com
- التشفير - crypto.com
- الجوزاء - gemini.com
- eToro – etoro.com

قنوات يوتيوب

- هاسوشي https://www.youtube.com/c/Hashoshi4

- أخبار الأصول الرقمية
https://www.youtube.com/c/DigitalAssetNewsDAN

- بنيامين كوين https://www.youtube.com/channel/UCRvqjQPSeaWn-uEx-w0XOIg

- ركن المكتب
Hatps://vv.youtube.com/c/koinbureyu

- جامعة داب OUTPS://www.YouTube.com/C/DapUniversity

- فورفلايز https://www.youtube.com/c/Forflies

- داداش https://www.youtube.com/c/DataDash

- قبرة التشفير https://www.youtube.com/c/TheCryptoLark

- كريبتو جيب - https://www.youtube.com/channel/UCviqt5aaucA1jP3qFmorZLQ

شيلدون إيفانز ..
Hatps://vv.youtube.com/c/sheldonevan

بت بوي كريبتو -https://www.youtube.com/channel/UCjemQfjaXAzA ..
95RKoy9n_g

التشفير الحقيقي ..
Hatps://vv.youtube.com/channel/UC93majjv3-9IPC09K7Sak

كولين يتحدث عن ..
https://www.youtube.com/channel/UCnqJ2HjWhm7MbhgFHLUENf
Q التشفير

MDX كريبتو https://www.youtube.com/user/Beanfield123 ..

التشفير البصيرة ..
https://www.youtube.com/channel/UCl2metIgoJpgBAFiKBDmVEA

بيت التشفير ..
Hatps://vv.youtube.com/channel/ukojkanjar3d5ut81mm8l4ai

كريبتو مايك ..
https://www.youtube.com/channel/UCAOEOYGEhQNVT1ZNqp42
e3 ز

إيفان على https://www.youtube.com/user/LiljeqvistIvan/videos ..
التقنية

.. https://www.youtube.com/user/Suppoman2011/videos سوبومان

.. سر دبت0

Hatps://vv.youtube.com/user/obham001/videos

.. https://www.youtube.com/channel/UCevXpeL8cNyAnww- وني بومبليانو

NqJ4m2

.. https://www.youtube.com/channel/UC7S9sRXUBrtF0nKTvLY3fwg/

ستون

.. يتو جاي

hatps://vv.youtube.com/channel/ucop-jpf-huwat1eu79ym

.. https://www.youtube.com/channel/UCu7Sre5A1NMV8J3s2FhluCw/fe

ب المشفر

.. ك ديفيس

Hatps://vv.youtube.com/channel/ucl2okaw8hdar_kbkidd2kalia/abo

.. https://www.youtube.com/channel/UCxODjeUwZHk3p-7TU- لاكمة

IsDO

.. DataDa

https://www.youtube.com/channel/UCCatR7nWbYrkVXdxXb4cGXw

يديولوجيات

..

البودكاست

- ماذا فعلت بيتكوين بواسطة بيتر ماكورماك (بيتكوين)
- قصص غير مروية (قصص مبكرة)
- غير مقيد بواسطة لورا شين (مقابلات)
- طبقة الأساس لديفيد ناج (مناقشات)
- انهيار ناثانيال ويتمور (قصير)
- تشفير كامفاير بودكاست (استرخاء)
- إيفان على التكنولوجيا (تحديثات)
- HASHR8 بواسطة Whit Gibbs (تقني)
- آراء غير متحفظة من ريان سيلكيس (مقابلات)
- كريبتو 101 (التعليم)

موارد التداول الخوارزمي

- ترالي - trality.com | لا يوجد رمز ، اختبار رجعي مجاني.
- كوانت كونيكت - quantconnect.com | مجتمع رائع.
- سوبر ألخوس - superalgos.org | منصة مفتوحة المصدر.
- نابوت - https://napbots.com/ | لا حاجة للترميز.
- جونبوت - gunbot.shop | قابل للتخصيص للغاية.
- شرمبي - shrimpy.io | التداول الاجتماعي الآلي.
- كريبتوهوبر - cryptohopper.com | يوفر التعليم ، واجهة مستخدم جيدة.
- كريبتوهيرو - cryptohero.ai | روبوتات آلية وسهلة التشغيل.
- وندربيت - trading.wunderbit.co/en | نسخ المستخدمين الآخرين.
- بيتسجاب - bitsgap.com | منصة الكل في واحد ، بما في ذلك الروبوتات.
- 3فواصل - 3commas.io | واجهة مستخدم متقدمة بعض الشيء ولطيفة.
- بيونيكس - pionex.com | روبوتات تداول مجانية.
- هاس أونلاين - haasonline.com | استخدم الروبوتات أو أنشئ برامج الروبوت الخاصة بك.
- هومينغبوت - hummingbot.io | يقدم قوالب مسبقة الصنع.

الكتب

.. *تقان بيتكوين* - أندرياس م. أنتونوبولوس

.. *إنترنت المال* - أندرياس م. أنتونوبولوس

.. *معيار البيتكوين* - سيفدين عموس

.. *عصر العملات المشفرة* - بول فيجنا

.. *الذهب الرقمي* - ناثانيال بوبر

.. *مليارديرات البيتكوين* - بن ميزريتش

.. *أساسيات عملات البيتكوين وسلاسل الكتل* - أنتوني لويس

.. *ثورة بلوكتشين* - دون تابسكوت

.. *الأصول المشفرة* - كريس بورنيسكي وجاك تتار

.. *عصر العملات المشفرة* - بول فيجنا ومايكل جيه كيسي

لقد تطرقنا سابقا إلى فكرة blockchain. يمكن وصفها ببساطة بأنها نوع جديد من قواعد البيانات ، تم إنشاؤها من أجل نقل العملة المشفرة دون وسيط مركزي. لست بحاجة إلى أن تكون خبيرا في كل شيء blockchain ، ولكن كل إجراء تتخذه فيما يتعلق بأي شيء تشفير يتم تأسيسه على الأرجح على شبكات blockchain. لذلك ، سنغطيها بأكثر الطرق المفهومة الممكنة. يجب أن يكون الهدف ، على الأقل في البداية ، هو فهم المفاهيم المطروحة والقدرة على استخدام المصطلحات التي تحيط ب blockchain.

سلسلة الكتل من الناحية النظرية: لص المجوهرات.

تخيل هذا: يشتري مليارديران ما قيمته 100 مليون دولار من الماس الثمين. كلاهما يفخر بأمنهما ، على الرغم من أن أساليبهما مختلفة تماما. يحتفظ الملياردير # 1 بمجوهراته في قبو في مكان محاط بكاميرات أمنية وحراس وجدران مقاومة للانفجار. الملياردير # 2 ينقل جواهرها باستمرار إلى مواقع جديدة على أساس نظام عشوائي. أي مكان تنتهي به الجواهر ينتمي إلى أشخاص آخرين في أماكن بعيدة. الأشخاص الذين يحملون الجواهر ، وليس هي ، ولا أحد يعرف مكان الجواهر في أي وقت من الأوقات. للوصول إليها ، يجب عليها استخدام رمز احتياطي تعرفه هي فقط. حتى لو تم العثور على الجواهر ، فهي محمية بمعادلات رياضية يصعب حلها للغاية. القيام بذلك سيستغرق سنوات حتى لألمع العقول. الملياردير # 1 سرعان ما يكتشف جواهره مفقودة. لماذا؟ من يعرف؟ ربما تم اختراق الأنظمة الأمنية ، وربما ساعد حارس أو مطلعون آخرون الدخيل على الوصول ، وربما خدع الدخيل طريقه ، وربما تآمرت قوة الأمن بأكملها ضد الملياردير لسرقة مجوهراته.

وهذا، في جوهره، هو المركزية مقابل اللامركزية. في حين أن أمثلة الحياة الواقعية معرضة بالتأكيد للموقف الفريد والمثال المذكور بالتأكيد ليس موقفا واقعيا ، فإن الأساس سليم. تتعرض المركزية للهجوم من زوايا متنوعة وهي عرضة للخطأ البشري والحقد. تزيل اللامركزية فرصة الخطأ البشري (على افتراض أن عبارتك الأولية تظل خاصة. إذا تم اختراقك لأن شخصا ما استخدم عبارتك الأولية ، فهذا خطأ شخصي ، وليس مشكلة في الشبكة الأكبر. من السهل أيضا الحفاظ على أمان العبارة الأولية) ، ويوفر شبكة كاملة تعتمد على العديد من أجهزة الكمبيوتر المختلفة للحفاظ على أمان البيانات. بالإضافة إلى ذلك ، تحتفظ الخدمات المالية المركزية دائما بالحق في التوقف عن تقديم خدماتها لك ولأموالك ؛ وبالتالي ، يمكن رفع الرسوم ، ويمكن للشركات أن تنهار ، ويمكن اختراق قواعد البيانات ، وما إلى ذلك. تعتمد الشبكات اللامركزية على خوارزمية. لا يمكن تغيير هذه الخوارزمية بمجرد وضعها في مكانها ، وبالتالي ، إذا جاز التعبير ، لا يمكن تغيير

قواعد اللعبة. ولا يمكن قول الشيء نفسه عن المركزية. هذا ، في جوهره ، هو المفهوم الأساسي لـ blockchain. سننتقل الآن إلى الجانب العملي والتقني من blockchains.

سلسلة الكتل: مقسمة

يمكن اعتبار Blockchain ، في أبسط أشكالها ، على أنها تخزين البيانات في سلاسل حرفية من الكتل. دعنا نتعرف على كيفية لعب الكتل والسلاسل بالضبط.

- ستقوم كل كتلة بتخزين المعلومات الرقمية ، مثل الوقت والتاريخ والمبلغ وما إلى ذلك من المعاملات.

- ستخزن الكتلة أيضا من شارك في معاملة باستخدام "المفتاح الرقمي" الخاص بك ، وهو عبارة عن سلسلة من الأرقام والحروف التي تتلقاها في كل مرة تفتح فيها محفظة.

- لا يمكن أن تعمل الكتل بمفردها. تحتاج الكتل إلى التحقق من أجهزة الكمبيوتر الأخرى ، والمعروفة أيضا باسم "العقد" في الشبكة.

العقد

سوف تسمع "العقدة" و "العقد التي يتم طرحها طوال الوقت. في مساحة التشفير ، العقدة هي جهاز كمبيوتر يتصل بشبكة عملة مشفرة. تحتوي Bitcoin على عشرات الآلاف من العقد ، في حين أن العملات المشفرة الأخرى قد تحتوي على أكثر أو أقل.

- ستقوم العقد الأخرى بالتحقق من صحة معلومات كتلة واحدة. بمجرد التحقق من صحة البيانات ، وإذا كان كل شيء يبدو جيدا ، تخزين الكتلة والبيانات التي تحملها في دفتر الأستاذ العام.

- دفتر الأستاذ العام هو قاعدة بيانات تسجل كل معاملة تمت الموافقة عليها على الشبكة. على سبيل المثال ، لدى Bitcoin blockchain دفتر الأستاذ العام الخاص بها.

- ترتبط كل كتلة في دفتر الأستاذ بالكتلة التي جاءت قبلها والكتلة التي جاءت بعدها. وبالتالي ، فإن الروابط التي تشكلها الكتل تخلق نمطا يشبه السلسلة ويتم تشكيل blockchain.

ملخص: تمثل **الكتلة** المعلومات الرقمية ، وتمثل **السلسلة** كيفية تخزين هذه البيانات في قاعدة البيانات.

لذلك ، لتلخيص تعريفنا السابق ، فإن blockchain هو نوع جديد من قواعد البيانات. نحن نعرف الآن ما تمثله الكتلة والسلسلة ، لكن الجزء الأخير من المعادلة الذي تم التطرق إليه فقط هو دفتر الأستاذ العام.

Blockchain هي تقنية DLT. DLT لتقف علي دفتر الأستاذ الموزع التقنية. تعتبر تقنية DLT ثورية لأنها تحل مشكلة الثقة. على سبيل المثال ، إذا كان شخص ما يدير شبكة معاملات شائعة ، فكيف نعرف أنه لن يأخذ بعض الأموال لنفسه؟ أو ، إذا احتفظنا بأموالنا مع شبكتهم ، فكيف نعرف أنهم لن يرفعوا الرسوم أو يغلقوا حسابنا أو يفلسون؟ حقا ، على الرغم من أنه من غير المحتمل ، فإننا لا نفعل ذلك. تعمل تقنية DLT على حل هذه المشكلة من خلال توزيعها. جميع المشاركين (المشاركون الرقميون ، أي أجهزة الكمبيوتر) في الشبكة لديهم نسخة من دفتر الأستاذ ، الذي يسجل كل معاملة ، إلى جانب المبلغ والطابع الزمني. هنا ، أطلب منك زيارة أي من صفحات الويب التالية:

https://www.blockchain.com/btc/unconfirmed-transactions
https://etherscan.io

باستخدام هذين الرابطين ، يمكنك استكشاف دفتر الأستاذ العام لـ Bitcoin و Ethereum. ستتمكن من رؤية مبلغ المعاملة والوقت الذي تمت فيه المعاملة والعناوين المعنيين. تكمن دفاتر الأستاذ العامة وتقنيات DLT في صميم blockchain وتسمح للعملات المشفرة بالعمل كما تفعل.

سلسلة الكتل: الأصول

- في عام 1991 ، تم تصور سلسلة من الكتل المؤمنة بشكل مشفر لأول مرة.

- بعد ما يقرب من عقد من الزمان ، في عام 2000 ، نشر Stegan Knost نظريته حول سلاسل التشفير المضمونة ، بالإضافة إلى أفكار للتنفيذ العملي.

- بعد 8 سنوات من ذلك ، أصدر ساتوشي ناكاموتو ورقة بيضاء (الورقة البيضاء هي تقرير ودليل شامل) أنشأت نموذجا لـ blockchain ، وفي عام 2009 نفذ ناكاموتو أول blockchain ، والذي تم استخدامه كدفتر الأستاذ العام للمعاملات التي تتم باستخدام العملة المشفرة التي طورها ، والتي تسمى Bitcoin.

- أخيرا ، في عام 2014 ، تم تطوير حالات الاستخدام (حالات الاستخدام هي حالات محددة يمكن فيها استخدام منتج أو خدمة) لشبكات blockchain و blockchain خارج العملة المشفرة ، وبالتالي فتح إمكانيات Bitcoin للعالم الأوسع.

-

س: هل هناك أنواع متعددة من سلاسل الكتل؟

ج: نعم. هناك أربعة أنواع رئيسية من سلاسل الكتل: العامة ، الكونسورتيوم ، الهجينة ، والخاصة. وتستخدم جميعها بدرجات متفاوتة. الأكثر شيوعا هي سلاسل الكتل العامة. أي شخص لديه جهاز كمبيوتر واتصال بالإنترنت يمكنه الوصول إلى blockchain عام.

س: هل البلوكشين آمن؟

ج: نعم. Blockchain آمن للغاية ، حيث يجب أن تتم الموافقة على كل معاملة من قبل العديد من العقد المنفصلة (العقد هي أجهزة كمبيوتر في الشبكة).

س: كيف تشرح blockchain لطفل يبلغ من العمر 5 سنوات؟

ج: Blockchain هي أداة تتيح للعديد من الأشخاص المختلفين تمرير المعلومات القيمة بأمان دون إعطاء شخص آخر التحكم.

س: هل تم اختراق شبكات blockchain من قبل؟

ج: لاختراق شبكة blockchain ، يجب تنفيذ هجوم بنسبة 51٪ (للحصول على تعريف كامل ، يرجى الرجوع إلى قسم التعريف.) يتضمن هجوم 51٪ مجموعة من المهاجمين ، يطلق عليهم عمال المناجم ، ولديهم ما يكفي من أجهزة الكمبيوتر وقوة المعالجة الخام لاختطاف الشبكة بشكل أساسي من خلال التحكم في حصة الأغلبية اللازمة للتحقق من صحة المعاملات. إذا حدث هذا ، فيمكنهم استخدام سيطرتهم لتغيير المعاملات. لم يتم تنفيذ هذا النوع من الهجوم بنجاح ولم يتم اختراق شبكة blockchain بعد.

ومع ذلك ، فإن البورصات التي يتم تنفيذ المعاملات عليها ، مثل Coinbase و Binance و Kraken ، أسهل بكثير في الاختراق. تم تنفيذ الاختراقات في البورصات بنجاح عدة مرات ؛ في الواقع ، في عام 2019 ، تم اختراق 12 بورصة تشفير ، وسرق 510,000 تسجيل دخول مستخدم ، إلى جانب 292,665,886 دولارا من العملات المشفرة. لذلك ، من المفارقات أن القضية الأساسية التي تحاربها blockchain ، المركزية ، هي السبب في أن هجمات التشفير يمكن أن تحدث.

س: هل يمكن لأي شخص بدء سلسلة كتل؟

ج: من الناحية الفنية ، نعم. يمكن لأي شخص بدء blockchain وإنشاء عملة خاصة به ، على الرغم من أن الأمر يتطلب أكثر من القليل من تجربة الترميز. حتى أن بعض مواقع الويب تعرض القيام بذلك نيابة عنك ، على الرغم من أن هذه الخدمات عادة ما تكون باهظة الثمن. فيما يلي بعض المواقع التي قدمت هذه الخدمة:

Hatps://dev.cryptolife.net/
hatps://vv.walletbuilders.com/

www.ingramcontent.com/pod-product-compliance
Lightning Source LLC
LaVergne TN
LVHW010316070526
838199LV00065B/5580
* 9 7 9 8 8 6 9 3 1 2 1 5 0 *